Location saisonnière

Gérez et rentabilisez votre bien

Dans la même collection

Logement

Acheter ou vendre votre logement - Mai 2021
L'assemblée générale de copropriété – Mars 2021
Créez et gérez votre SCI – Décembre 2020
Propriétaires, locataires : à chacun ses dépenses – Décembre 2020
Gérez votre location meublée ou saisonnière – Octobre 2020
Organiser et voter les travaux en copropriété – Mai 2020
Gérer un bail commercial ou professionnel – Mai 2020
Gérez votre location non meublée – Avril 2020
Copropriété : maîtrise des charges et comptabilité – Avril 2020
Devenir syndic bénévole de copropriété – Mars 2020
Devenir conseiller syndical de copropriété – Février 2020
Acheter ou vendre en viager – Mars 2019
Bien négocier votre crédit immobilier – Décembre 2017
Faire réaliser des travaux – Septembre 2017

Famille

Divorce, préservez vos intérêts – Décembre 2020
Comprendre les frais de notaire – Novembre 2020
Recueillir un héritage – Novembre 2020
Tutelle, curatelle, protéger un proche – Novembre 2020
Les droits des personnes handicapées – Octobre 2020
Anticiper la dépendance – Juillet 2020
Faire face au décès d'un proche – Juin 2020
Aider financièrement vos enfants – Février 2020
Guide pratique du tuteur et curateur familial – Septembre 2019
Préparez votre succession – Juin 2019
Les droits des personnes handicapées – Octobre 2018
Conclure un Pacs – Avril 2018
Se marier et gérer son patrimoine – Février 2018
Employer du personnel à domicile – Novembre 2017
Assurance-vie : les stratégies gagnantes – Juin 2017

Vie professionnelle

Devenez travailleur indépendant – Septembre 2020
Retraite : état des lieux et réforme – Octobre 2019

Vie pratique

Vous, le maire, la commune – Mars 2020

Commandez vos ouvrages sur le particulier.fr, rubrique « Boutique » ou par téléphone au 01 55 56 71 11.

DÉJÀ PROPRIÉTAIRE OU INVESTISSEUR

Louer sa résidence principale ou secondaire

La location meublée saisonnière séduit de plus en plus de particuliers soucieux de s'assurer un complément de revenus. Qu'il s'agisse de louer sa résidence principale ou sa résidence secondaire quelques semaines par an, il convient néanmoins de connaître au préalable la règlementation qui ne cesse de se complexifier et de se durcir au fil des années. La location saisonnière touristique déstabilise en effet le marché locatif local en restreignant le nombre de biens à louer à l'année pour les habitants, raison pour laquelle les communes sont de plus en plus nombreuses à l'encadrer sur les territoires, notamment les plus tendus.

Louer quelques semaines par an

Louer sa résidence principale ou secondaire, pour quelques semaines par an (dans la limite de 120 jours pour une résidence principale, voir p. 38), permet de se procurer des ressources complémentaires.

Louer sa résidence principale

Pour louer une résidence principale, vous devez en théorie en être propriétaire. Si vous êtes locataire, la sous-location en meublé saisonnier (de tout ou partie de votre logement) est en principe exclue si la location principale est régie par la loi du 6 juillet 1989. Sauf à obtenir le consentement écrit de votre bailleur, sur le principe même de la sous-location en meublé saisonnier mais aussi sur le montant du sous-loyer qui ne peut alors en aucun cas être supérieur au loyer principal. L'absence d'accord du bailleur est un motif de résiliation du bail. Le locataire risque aussi d'être condamné à reverser au bailleur tous les loyers qu'il a indûment perçus, voire des dommages et intérêts pour les préjudices qu'il a causés (préjudice moral en cas de plainte des voisins, par exemple). Dans une affaire récente, des locataires qui louaient sur Airbnb depuis deux ans, ont dû rembourser 27 300 €, plus les intérêts légaux au bailleur *(C. cass., civ. 3e, 12.09.2019, n° 18-20727).*

Louer sa résidence secondaire

Si vous louez votre résidence secondaire (en vide ou en meublé), la location est alors régie par le Code civil, et il est alors possible de la sous-louer, à moins que le bail ne l'interdise ou prévoit l'autorisation préalable du propriétaire.
Louer sa résidence secondaire permet à de nombreux propriétaires de la conserver dans leur patrimoine, tout en épongeant tout ou partie des frais inhérents à sa détention (charges courantes, entretien, gros travaux, fiscalité). En effet, entretenir une résidence secondaire coûte cher et ce, même dans des endroits moins recherchés. Les impôts locaux, les frais d'entretien (plus élevés en montagne ou en front de mer qu'à la campagne) et les charges de copropriété, s'il s'agit d'un appartement, finissent par peser sur le budget familial. C'est pourquoi, les propriétaires d'une maison de vacances sont de plus en plus nombreux à proposer leur bien à la location saisonnière, durant les périodes où ils ne l'occupent pas. Dans certaines zones touristiques très attractives, comme la Bretagne, la Gironde, les Pyrénées-Atlantiques, la Côte d'Azur ou encore les Landes, il est possible de percevoir jusqu'à 10 000 € de revenus en louant son bien pendant la saison estivale. Une véritable aubaine lorsque qu'on a de gros postes de dépenses à financer : une réfection de l'électricité, par exemple. En outre, sachant qu'une résidence secondaire est habitée en moyenne une petite quarantaine de jours par an seulement, la louer permet d'augmenter la période d'occupation du logement. Or, un bien occupé s'abîme moins vite car il est chauffé, aéré et entretenu régulièrement.

Une organisation à mettre en œuvre

Que vous louiez votre résidence principale ou secondaire, votre décision doit être mûrement réfléchie. D'une part, tous les logements ne se prêtent pas à la location saisonnière à cause d'une localisation géographique peu attractive pour les touristes, de leur espace ou encore de leur agencement. D'autre part, il ne faut pas sous-estimer le travail en amont : trier et ranger ses effets personnels (idéalement dans un espace dédié, par exemple dans une armoire ou une pièce fermée à clé), repenser l'aménagement et l'organisation dans les placards, libérer de l'espace pour les locataires, ôter les photos de famille et rendre la décoration plus neutre.

Bien en indivision, en SCI, démembré

Avant de louer un bien en saisonnier, il faut veiller à la qualité de son propriétaire. Le bien peut appartenir à plusieurs personnes (indivision), être démembré ou encore appartenir à une société civile immobilière (SCI). La qualité du propriétaire peut entraver la liberté de louer le bien.

Le bien est en indivision

Lorsque le meublé saisonnier est en indivision (des frères et des sœurs ayant hérité de leurs parents, des concubins ayant fait un achat commun...), la signature des baux requiert l'accord d'au moins deux tiers des indivisaires *(art. 815-3 du Code civil)*. Ces indivisaires doivent ensuite informer les autres indivisaires de leur décision, sinon elle leur est inopposable. Pour un couple, il faut donc avoir l'accord des deux indivisaires.

Le bien appartient à une SCI

Un bien détenu par une société civile immobilière (SCI) peut être loué en meublé saisonnier. Cette solution est d'ailleurs à privilégier en cas de pluralité de propriétaires. Toutefois, une location meublée consentie par une SCI soumise à l'impôt sur le revenu peut entraîner son assujettissement à l'impôt sur les sociétés (IS), si la location meublée est habituelle ou si ses loyers meublés deviennent conséquents (voir p. 88).
Attention, les contrats de location doivent être signés par le gérant (représentant légal de la SCI) ou par une personne habilitée par les statuts ou une décision d'assemblée générale.

Le bien est démembré

Le logement peut faire l'objet d'un démembrement de propriété, l'usufruit appartenant à une personne (l'usufruitier) et la nue-propriété à une autre (le nu-propriétaire). Dans ce cas, l'usufruitier a le droit de le louer meublé, sans avoir à recueillir l'accord préalable du nu-propriétaire *(art. 595 du Code civil)*. Sachez qu'il existe toutefois une limite : la durée du bail ne doit pas excéder neuf ans, ce qui est impossible pour une location meublée saisonnière !

Bien en copropriété

Bien que la mise en location d'un appartement ne nécessite pas, en principe, d'autorisation préalable de la part de la copropriété, le règlement de copropriété peut interdire l'exercice de toute activité commerciale, ce qui exclut, en principe, l'activité de loueur en meublé (laquelle est commerciale fiscalement).
Dans le cas spécifique des locations de courte durée notamment, une lecture attentive du règlement de copropriété s'impose afin de vérifier si celui-ci interdit ou non ce type de location.
Ainsi, la clause d'un règlement qui prévoit spécifiquement que les appartements seront réservés exclusivement à l'habitation, à l'exclusion de tout autre usage, y compris l'exercice d'activités libérales, interdit toute location touristique saisonnière. Une telle clause, dite « clause d'habitation bourgeoise exclusive », se rencontre surtout dans les règlements des immeubles de grand standing.

Investir en meublé : avantages et inconvénients

Acquérir un bien immobilier représente un investissement financier important. Particulièrement dans les grandes agglomérations ou dans les zones touristiques où le prix de la pierre est élevé. Pour rentabiliser votre investissement, il faut donc veiller à choisir un emplacement avec une forte demande locative.

Mer, montagne, campagne : où investir ?

Il n'existe pas réellement d'emplacement idéal puisque les goûts et les attentes des touristes sont très variés. Bien entendu, un bien situé dans de grandes villes touristiques, dans des stations balnéaires (océan, mer ou lac) ou dans des stations de montagne restent des valeurs sûres, même si la crise sanitaire rebat un peu les cartes. Quoi qu'il en soit, la location saisonnière est un marché en constante évolution. Par conséquent, votre réflexion doit surtout se concentrer sur les questions suivantes : l'emplacement est-il attractif ? L'attractivité est-elle limitée aux seules périodes de haute saison ou s'étend-elle à la période de basse saison ? Et, si vous hésitez, privilégiez l'emplacement qui vous plaît le plus car rien ne vous empêche de profiter de votre investissement quand la clientèle se fait plus rare.

Mer et montagne

La mer et la montagne sont les destinations phares des touristes. Pour la mer, favorisez les stations balnéaires réputées, où les locations sont combles durant la saison. Pour la montagne, choisissez une station située au moins à 1 800 mètres d'altitude pour bénéficier d'un bon enneigement et d'une meilleure notoriété. Vous pouvez également prospecter des villages de montagne, ce qui permet d'attirer une clientèle touristique pendant l'été. Sachez toutefois, que des biens situés à la mer ou à la montagne, se dégradent davantage en raison du climat. Investir en campagne est un choix plus risqué, sauf à privilégier un emplacement attractif et réputé pour son cadre de vie, son terroir, sa gastronomie ou encore un événement culturel.

Ville

Les vacances ne se résument pas à la mer ou à la montagne. Les vacances en ville ont aussi leurs adeptes, qu'il s'agisse d'une clientèle touristique internationale ou nationale. Paris et les grandes villes de France, mais aussi les cœurs des villes moyennes, sont aussi des destinations de vacances prisées pour leurs musées, leurs restaurants, leurs boutiques, etc. Seul bémol, ce sont aussi les lieux où les prix de l'immobilier sont les plus élevés. En revanche, un meublé saisonnier en ville n'a pas de saison haute ou basse.

Quel type de bien rechercher ?

Avant d'investir, vous devez faire une étude de marché préalable pour savoir quel est le type de bien le plus recherché dans la zone géographique, connaître les prix et les loyers. Même si c'est le bien le moins cher, évitez d'acheter un studio car ce n'est pas forcément la surface la plus recherchée par les vacanciers. Et, dans certaines destinations (les stations de ski, notamment), vous risquez d'avoir des difficultés à vous démarquer des nombreuses offres de studios. Si vous voulez mettre l'accent sur une petite surface, vous devez vous distinguer en montant en gamme. Comparés aux studios, les appartements T2 permettent de toucher une clientèle nettement plus large (couple, amis, famille...) et sont donc bien adaptés à la location saisonnière. Il y a également moins de concurrence dans le secteur de la location saisonnière. Les T3 ou plus permettent d'accueillir les « tribus » : famille nombreuse, groupe d'amis... mais ils sont à réserver aux emplacements où les prix au mètre carré sont sages. Il est aussi possible d'investir dans une maison car la demande locative existe bel et bien. Sachez toutefois que le taux d'occupation des maisons saisonnières se réduit le plus souvent aux périodes de haute saison, mais le niveau de loyers peut grandement compenser cet aspect.

Taux de remplissage et rentabilité

Avant d'investir, il est primordial de se renseigner auprès des professionnels de la location meublée saisonnière (agences immobilières, sites Internet) pour avoir une idée du taux de remplissage et par conséquent du taux de rentabilité qui pourront être atteints. Comme pour tout investissement locatif, l'emplacement du bien est le critère numéro un d'une bonne rentabilité. Le logement doit se trouver dans une zone attractive et pouvoir être loué suffisamment de temps dans l'année pour devenir rentable. Une bonne rentabilité exige donc d'investir dans un bien qui soit bien placé, mais pas trop cher ou offrant la possibilité de facturer des loyers élevés pendant une durée suffisamment longue pour financer votre achat. Bien entendu, le taux d'occupation varie énormément en fonction de la zone géographique, du type de bien et des compétences du propriétaire. En effet, la qualité de gestion est déterminante pour augmenter sa rentabilité locative.

+ La rentabilité d'un investissement locatif saisonnier est une combinaison du taux de remplissage, du loyer (tarif à la nuitée) et des charges du meublé saisonnier.

Louer toute l'année versus location saisonnière

Avec la pandémie et le durcissement de la réglementation (voir p. 20), les particuliers se posent la question de délaisser la location saisonnière au profit de la location meublée à l'année. La fermeture des frontières, l'interruption des liaisons aériennes, les confinements et les arrêtés préfectoraux interdisant toute location meublée touristique ont jeté un froid sur le secteur de la location saisonnière, notamment pour les locations de type Airbnb situées dans la capitale en raison de l'absence de touristes étrangers. Pour autant, l'hébergement saisonnier favorise le respect des consignes de distanciation sociale et offre aux clients la possibilité de s'isoler en toute sécurité. Il répond donc à une réelle demande, ne serait-ce que nationale.

Par ailleurs, dans les zones tendues (agglomérations de plus de 50 000 habitants) et dans les villes soumises à l'encadrement des loyers (Paris, Lille, Hellemmes et Lomme), le loyer d'un meublé de tourisme peut être fixé librement par son propriétaire contrairement aux loyers d'une location meublée à l'année. De manière générale, la location saisonnière est plus rentable. Ainsi, un appartement situé dans un quartier parisien très convoité, peut se louer plusieurs centaines d'euros par nuitée, quasiment toute l'année... Difficile de rivaliser, même si, en contrepartie une location de longue durée offre des revenus locatifs plus pérennes, avec une gestion locative moins chronophage puisqu'il y a moins de turn-over. Certains propriétaires ont sauté le pas ou opté pour une solution mixte, en combinant bail meublé classique et location saisonnière. Ils louent ainsi leur logement meublé à des étudiants (bail de 9 mois) ou à des locataires bénéficiaires du bail mobilité (bail de 1 à 10 mois), puis en saisonnier en haute saison l'été.

Les autorisations administratives

La loi Alur du 24 mars 2014 a modifié les obligations administratives pour mettre un logement en location saisonnière. Notez que, lorsque vous passez par une agence immobilière ou une plateforme Internet (Airbnb, notamment) pour mettre en location votre bien, cet intermédiaire doit vous informer sur vos obligations. Il doit aussi vous demander d'établir, avant la location, une déclaration sur l'honneur que vous avez bien respecté ces formalités *(art. L. 324-2-1 du Code du tourisme).*

À noter, les démarches ne sont pas les mêmes que pour louer votre résidence principale ou un autre logement. Par résidence principale, on entend tout logement occupé par vous au moins huit mois par an (sauf obligation professionnelle, raison de santé ou de force majeure), ce qui limite la durée maximale de location à 120 jours. Au-delà, le logement ne sera plus considéré comme résidence principale et vous aurez à accomplir les formalités liées à un logement autre. À défaut, vous serez en infraction.

La déclaration simple en mairie

Lorsque vous mettez pour la première fois en location un meublé de tourisme, qu'il soit classé ou non, vous devez au préalable en informer la mairie de la commune où est situé le bien. Pour la déclaration, vous devez utiliser le Formulaire Cerfa n° 14004*04 « Déclaration en mairie des meublés de tourisme », téléchargeable à l'adresse suivante : https://www.formulaires.service-public.fr/gf/cerfa_14004.do. Par la suite, vous n'êtes pas obligé de renouveler la déclaration, sauf en cas de changement concernant les informations fournies (modifications relatives au propriétaire, au logement ou aux périodes prévisionnelles de location). Le défaut de déclaration vous expose à une contravention de 3e classe, soit 450 €

> **+ Vous êtes dispensé de déclaration simple** si vous louez à titre saisonnier votre résidence principale *(art. L. 324-1-1 du Code du tourisme).*

(art. R 324-1-2 du Code du tourisme). Depuis janvier 2020, les communes peuvent aussi mettre en place une autorisation de louer lorsque le local abritant le meublé de tourisme est à usage commercial. L'autorisation de louer est alors accordée par le maire et vaut autorisation préalable au titre d'un changement de destination *(art. L 324-1-1, IV bis du Code du tourisme).* Une location sans autorisation expose à une amende pouvant aller jusqu'à 25 000 €.

Le changement d'usage

Vous possédez un logement idéalement situé en centre-ville ou dans une zone touristique d'une grande métropole et vous souhaitez le transformer en meublé touristique ? Dans certaines communes, ce changement de destination est soumis à une autorisation préalable de changement d'usage délivrée par la mairie. En effet, selon les pouvoirs publics, un logement transformé en meublé touristique devient un local commercial. Ainsi, constitue un changement d'usage soumis à autorisation préalable, la location d'un « local meublé destiné à l'habitation de manière répétée pour de courtes durées à une clientèle de passage qui n'y élit pas domicile » *(art. L. 631-7, dernier alinéa du Code de la construction et de l'habitation - CCH).* C'est le cas dans les communes de plus de 200 000 habitants (Paris, Marseille, Lyon, Toulouse, Nice, Nantes, Strasbourg, Montpellier, Bordeaux, Lille, Rennes), dans l'ensemble des départements limitrophes de Paris (Hauts-de-Seine, Seine-Saint-Denis et Val-de-Marne). À Paris, notamment, la mairie estime que le développement des meublés touristiques dans certains quartiers déstabilise le marché locatif et contribue à la hausse des prix de l'immobilier résidentiel dans la capitale. Toutes les autres villes peuvent instituer cette procédure, sachant que les villes non situées en zone tendue doivent demander l'autorisation du préfet *(art. L. 631-9 du CCH).* Dans les villes appartenant à une zone tendue *(art. 232 du Code général des impôts)*, la décision est prise par le conseil municipal ou l'organe compétent en matière de plan local d'urbanisme. Pour savoir si votre commune se situe en zone tendue, utilisez le simulateur à l'adresse suivante : https:// www.service-public.fr/simulateur/calcul/zones-tendues.

Une compensation financière est parfois réclamée

La situation se corse même dans certaines villes, comme Paris, Marseille, Bordeaux ou Lyon (pour l'hypercentre), car elles imposent des règles de compensation aux propriétaires. Ceux-ci doivent acheter une « commercialité », c'est-à-dire des mètres carrés virtuels de bureaux ou de commerces transformés en logements dans le même secteur géographique. Il n'est pas nécessaire que les locaux appartiennent au propriétaire du logement transformé, ils peuvent être détenus par un tiers (un organisme HLM, par exemple), auprès duquel est acheté un titre de compensation. Dans certains arrondissements parisiens, le propriétaire doit ainsi acheter deux fois plus de mètres carrés que ceux qu'il a supprimés, ce qui, en pratique, rend l'opération très onéreuse. Cette réglementation, très contraignante pour les propriétaires, a été validée par la Cour de justice européenne, dans une affaire opposant deux bailleurs à la Mairie de Paris *(CJUE, 22.09.2020, n° C-724/18 et n° C-727/18).* D'autres communes ont mis en place un régime dérogatoire. Dans l'hypercentre de Lyon, par exemple, vous pouvez louer votre meublé de moins de 60 m² pendant neuf ans avec une simple autorisation. Au-delà de 60 m², une compensation est nécessaire. À Nice, une autorisation valable six ans est nécessaire. Au-delà, vous serez soumis aux règles de la compensation... Attention, si vous ne les respectez pas, vous vous exposez à une amende de 50 000 € par logement et à une astreinte pouvant atteindre 1 000 € par jour et par mètre carré jusqu'à régularisation *(art. L. 651-2 du CCH).*

Toutefois, les communes ont la faculté d'instituer un régime d'autorisation temporaire pour les locations de courte durée, sans qu'il soit besoin de demander une autorisation préalable de changement d'usage. En outre, lorsque vous louez à titre saisonnier votre résidence principale, aucune autorisation n'est requise *(art. L. 631-7-1 A du CCH).*

La déclaration avec numéro d'enregistrement

Certaines communes, où le changement d'usage des locaux est soumis à autorisation préalable, ont, pour leur part, instauré un

service d'enregistrement préalable, avec délivrance d'un numéro d'enregistrement. Une procédure qui remplace la déclaration faite en mairie via l'imprimé Cerfa n°14004*04 *(art. L 324-1-1 du Code du tourisme).*
Si votre commune en a décidé ainsi par une délibération spéciale, le logement loué doit désormais être déclaré en ligne auprès de la mairie et enregistré sous un numéro, lequel devra figurer dans les annonces et le contrat de location. Cette démarche est obligatoire même s'il s'agit de la résidence principale du propriétaire et ce, pour toutes les communes soumises à une autorisation de changement d'usage qui décident d'appliquer le dispositif *(art. L. 324-1-1 du Code du tourisme).* En l'absence d'enregistrement, vous n'êtes pas autorisé à louer votre bien sur une courte durée et vous encourez une amende de 5 000 €.

> + Les obligations peuvent être différentes d'une ville à l'autre, en fonction des délibérations votées par le conseil municipal. **Renseignez-vous auprès de votre mairie**, pour vous assurer d'être en règle.

Paris a mis en place ce téléservice en octobre 2017 et Bordeaux en mars 2018. Pour Lyon, c'est en vigueur depuis avril 2018. Enfin, les agences immobilières et plateformes de location doivent veiller à ce que les résidences principales ne soient pas louées plus de 120 jours par an. Au-delà, la location par leur intermédiaire sera bloquée jusqu'à la fin de l'année *(art. L. 324-2-1 du Code du tourisme).*

> + **Les locations saisonnières ne sont pas concernées par le « permis de louer »** mis en place par certaines communes afin de lutter contre l'habitat indigne. Ce dispositif ne vise que les locations à usage de résidence principale.

Les informations pour l'enregistrement ont été précisées par le décret n° 2017-678 du 28 avril 2017. Ce sont les suivantes *(art. D 324-1-1 du Code du tourisme)* :

- identité, adresse postale et adresse électronique du déclarant ;
- adresse du meublé, précisant le bâtiment, l'escalier, l'étage et le numéro d'appartement ;
- son statut de résidence principale ou non ;
- nombre de pièces, nombre de lits, date de décision de classement et niveau ou de toute autre reconnaissance de qualité des meublés de tourisme.

Les obligations des plateformes de location

La législation prévoit des obligations à la charge des plateformes de location en meublés de tourisme, comme Airbnb, Abritel, Le Bon Coin, etc., afin d'assurer un meilleur respect par les loueurs de la réglementation.

Une obligation d'information renforcée

Tout d'abord, les plateformes doivent informer les propriétaires des obligations de déclaration ou d'autorisation préalables et obtenir d'eux, préalablement à la publication ou à la mise en ligne de l'annonce de location, une déclaration sur l'honneur attestant du respect de ces obligations et indiquant si le logement constitue ou non leur résidence principale ainsi que, le cas échéant, le numéro d'enregistrement du meublé de tourisme, numéro qui doit obligatoirement figurer dans l'annonce relative au logement *(article L 324-2-1 du Code du tourisme)*. Les plateformes qui ne se conforment pas à ces obligations risquent 12 500 € d'amende par meublé de tourisme faisant l'objet du manquement.

D'autre part, elles sont tenues de transmettre des informations aux communes afin que ces dernières soient en mesure de contrôler le respect de la réglementation devenue complexe.

Les communes concernées peuvent demander aux plateformes de leur transmettre un état précis des locations effectuées sur leur territoire, avec notamment le nom du loueur, l'adresse du meublé, s'il constitue ou non la résidence principale du loueur, le numéro d'enregistrement, et le nombre de nuitées de location dans l'année. Les plateformes qui manquent à ces obligations encourent une amende maximale de 50 000 € par meublé de tourisme faisant l'objet du manquement.

> + Depuis le 1er janvier 2021, toute plateforme qui publie une offre de location meublée touristique **doit préciser si elle émane d'un particulier ou d'un professionnel** *(décret n° 2020-1585 du 14.12.2020)*.

En pratique, cela permet aux communes de mieux vérifier si le logement respecte notamment la limite de 120 jours de location par an, qui s'applique aux résidences principales. En cas de non-respect, les communes peuvent ainsi identifier le loueur et engager les poursuites nécessaires.

Une obligation de blocage

Les plateformes doivent également veiller à bloquer les annonces au-delà de 120 jours de location d'une résidence principale, jusqu'à la fin de l'année civile en cours. Sinon, elles s'exposent à une amende de 50 000 €.

À ce jour, les plateformes membres de l'Union nationale pour la promotion de la location de vacances (UNPLV), à savoir Abritel, Airbnb, Le Bon Coin, Se Loger Vacances, CléVacances, InterHome, le Syndicat des Professionnels de la Location Meublée, et Poplidays, ont fixé une limite automatique du nombre de nuitées pour les villes suivantes : Achères, Aix-en-Provence, Annecy, Arles, Batz-sur-Mer, Bidart, Bordeaux, Boulogne-Billancourt, Buchelay, Conflans-Sainte-Honorine, Courbevoie, Cuers, Créteil, Frontignan, Hendaye, Issou, Issy-les-Moulineaux, Istres, La Baule, La Rochelle, La Garenne-Colombes, Levallois-Perret, Lille, Lyon, Marseille, Martigues,

La réglementation française est validée

Contestée par certains propriétaires et certaines plateformes, la réglementation française sur les locations touristiques a été confortée, tant par la Cour de justice de l'Union européenne (CJUE) que par la Cour de cassation. Dans un arrêt du 22 septembre 2020, la CJUE a déclaré conforme au droit européen la réglementation limitant les locations meublées de courte durée à une clientèle de passage. Elle a notamment jugé que la réglementation en cause « est justifiée par une raison impérieuse d'intérêt général tenant à la lutte contre la pénurie de logements destinés à la location » de longue durée *(CJUE, n° C724/18 et C727/18)*. La justice française n'est pas en reste. Dans deux arrêts du 18 février 2021, la Cour de cassation a ainsi jugé que la règlementation « répond aux exigences de clarté, d'objectivité et de non-ambiguïté » et que le mécanisme du changement d'usage et l'éventuelle compensation satisfait « aux exigences de publicité préalable, de transparence et d'accessibilité des conditions d'octroi des autorisations. » *(C. cass., civ. 3e, n° 17-26156 et n° 19-13191)*. Conséquence, la mairie de Paris va pouvoir reprendre les poursuites contre les loueurs en infraction.

Menton, Meudon, Nantes, Neuilly-sur-Seine, Nice, Nîmes, Orgeval, Paris, Poissy, Roquebrune-Cap-Martin, Rueil-Malmaison, Saint-Cannat, Saint-Cyr-sur-Mer, Saint-Malo, Saint-Maurice, Saint-Paul-de-Vence, Sète, Strasbourg, Toulouse, Villeneuve-Loubet, Villennes-sur-Seine et Versailles. Cette liste de villes a été établie avec l'UNPLV et l'administration française et est susceptible d'évoluer.

Une obligation de transmission au fisc

Les plateformes en ligne doivent adresser au fisc, au plus tard le 31 janvier de chaque année, le montant total brut des revenus perçus par les utilisateurs au cours de l'année civile précédente *(art. 242 bis du Code général des impôts).*

L'accès à la plateforme de location saisonnière Airbnb est désormais interdit aux loueurs en meublés saisonniers qui n'ont pas obtenu un numéro d'enregistrement auprès de la mairie.

Investir en résidence de tourisme

Une résidence de tourisme est un établissement commercial d'hébergement classé, faisant l'objet d'une exploitation permanente ou saisonnière. À mi-chemin entre la location saisonnière et l'hôtel, ces ensembles, composés d'appartements ou de maisons, sont conçus pour être loués à une clientèle de passage, pour une occupation à la journée, à la semaine ou au mois.
La résidence de tourisme est dotée d'un minimum d'équipements communs (sportifs, par exemple) et de services para-hôteliers (accueil, ménage, petit déjeuner, fourniture du linge de maison). L'investisseur particulier achète ou fait construire un logement neuf dans une résidence en copropriété, puis donne le logement en location à un exploitant spécialisé, qui en assure la fréquentation par des vacanciers, à l'année ou en saison, la gestion et l'entretien. L'investisseur bénéficie, en outre, de certains avantages fiscaux.
Cette niche immobilière et fiscale demeure un bon investissement à condition de prendre ses précautions.

Une gestion assurée par un exploitant unique

La gestion doit être assurée pour l'ensemble de la résidence par une seule personne physique ou morale : l'exploitant de la résidence. En tant qu'investisseur, vous êtes lié à lui par un contrat de location qui lui permet d'exploiter votre logement et lui impose de vous verser un loyer.

Le bail signé avec l'exploitant est commercial

Le contrat de location passé avec l'exploitant est soumis au statut des baux commerciaux, et non à celui des baux d'habitation. D'une durée minimale de neuf ans, il vous évite en principe les soucis et les aléas de gestion. C'est notamment à l'exploitant de la résidence de trouver des locataires, de signer les contrats de location, de faire face aux impayés et aux

> **+** En pratique, **seule la taxe foncière** reste généralement à votre charge.

dégradations, ou d'entretenir les logements et les parties communes de la résidence. Le loyer convenu dans le bail commercial vous est dû, que le logement soit occupé ou non. De plus, vous ne supportez pas, ou peu, de charges, le contrat stipulant généralement que la plupart d'entre elles (charges de copropriété, petites réparations et gros travaux) incombent à l'exploitant locataire.

Des périodes de séjour vous sont réservées

Le contrat conclu avec l'exploitant vous permet, dans la plupart des cas, de vous réserver une période d'occupation du logement de quelques semaines par an (en principe en dehors de la haute saison). Ce droit de séjour correspond en quelque sorte à un loyer en nature, qui s'ajoute aux loyers en argent prévus au bail. Certaines résidences consentent parallèlement divers avantages : non-paiement des charges pendant la durée de la location, réduction sur le prix des services d'animation, de restauration... D'autres proposent également des « bourses d'échange » d'appartements dans diverses résidences.

Les précautions avant d'investir

Une réduction d'impôt pour certains travaux de réhabilitation, une rentabilité qui dépasse les 4 %, une gestion déléguée, une demande locative supposée forte… Autant de vertus mises en avant par les promoteurs de résidences de tourisme, qui ont fait succomber plus d'un investisseur en mal de défiscalisation. Les moins prudents s'en mordent aujourd'hui les doigts, piégés dans un système qui les dépasse puisqu'ils s'en sont remis à un exploitant qui gère tout à leur place.

Les risques de ce type d'investissement

Taux d'occupation insuffisant, impayés de loyers ou faillite des exploitants sont loin d'être des cas isolés. Des incidents qui ne sont pas sans conséquences pour les investisseurs, lesquels ont souvent dû accepter des baisses de loyers drastiques pour éviter la faillite de l'exploitant. Sans compter une pratique courante sur ce marché, les « fonds de concours » (ou « aide au démarrage »), qui permettent d'offrir artificiellement aux investisseurs des loyers attractifs la première année.

Mais cette « prime » est en réalité répercutée en amont sur le prix de vente, donc sur les investisseurs. Aux dires des promoteurs, cette pratique serait désormais en régression. Par ailleurs, afin d'éviter les blocages éventuels en cas de changement d'exploitant, la loi Alur du 24 mars 2014 prévoit que, dans les résidences de tourisme construites depuis le 1er juillet 2014, les locaux à usage collectif, composés d'équipements et services communs, sont la propriété du syndicat des copropriétaires. De fait, les propriétaires ne seront plus à la merci des exploitants des parties communes de la résidence.

Les points à vérifier impérativement

Malgré tous ces défauts, investir en résidence de tourisme peut s'avérer intéressant, à condition de prendre des précautions. Tout d'abord, l'emplacement reste la règle d'or. Il faut privilégier les secteurs les plus prisés de bord de mer ou de montagne. À la campagne, c'est plus aléatoire. La grille de loyers que l'exploitant compte mettre en place est aussi importante. Ils doivent être assez proches des loyers de marché du secteur, et les prix des services accessibles. Assurez-vous que ces services sont réels et qu'ils attireront les futurs locataires. Dans tous les cas, méfiez-vous des promoteurs qui annoncent des rendements supérieurs à la moyenne (ils oscillent entre 3 % à 4 % bruts annuels selon les emplacements). Renseignez-vous sur l'exploitant afin de vérifier s'il a les reins solides, et n'hésitez pas à faire examiner de près les clauses du bail commercial par un avocat spécialisé. Enfin, il faut s'intéresser au marché de la revente. Pas si simple, sur un secteur peu organisé.

> **+** Les reventes s'effectuent **souvent au coup par coup avec l'aide de l'exploitant.** Interrogez-le sur sa politique en matière de marché secondaire et sur les prix des reventes menées à bien.

Des avantages financiers et fiscaux

En investissant dans une résidence de tourisme, vous pouvez bénéficier du remboursement de la TVA, profiter d'une réduction d'impôt pour certains travaux de réhabilitation et du dispositif du loueur en meublé non professionnel (LMNP, voir le chapitre 6).

Le logement peut être acheté hors TVA

Lors de votre acquisition, vous bénéficiez du remboursement de la TVA (dont le taux est fixé à 20 %) qui a grevé votre achat. En pratique, pour éviter les délais de remboursement de cette TVA, la plupart des promoteurs proposent de la récupérer immédiatement. C'est alors l'exploitant de la résidence qui acquitte la taxe à votre place, le jour de la vente chez le notaire, puis qui se la fait rembourser par la suite. Cela vous permet de réduire sensiblement les fonds à débloquer le jour de la vente. Mais, attention, si vous cédez le logement ou cessez de le louer à l'exploitant avant un délai de vingt ans, vous devez restituer au fisc une partie de l'avantage obtenu : la restitution est égale au montant de la TVA récupérée lors de l'achat, diminué d'un vingtième par année de détention. À moins que vous cédiez votre bien à une personne qui s'engage à poursuivre le bail commercial avec l'exploitant.

Autre avantage, les loyers versés par l'exploitant sont soumis à la TVA au taux réduit de 10 %, lorsque les conditions suivantes sont remplies : la résidence est classée ; elle est affectée à l'hébergement des touristes ; la durée du contrat de location est d'au moins neuf ans ; l'exploitant a souscrit un engagement de promotion touristique à l'étranger *(art. 279 et 261 D du Code général des impôts).*

Une réduction d'impôt pour vos travaux en résidence de tourisme

Depuis 2017, les investissements réalisés dans une résidence de tourisme ne sont plus éligibles au dispositif Censi-Bouvard qui

COVID-19 & loyers impayés

En raison de la pandémie du Covid-19, de nombreux exploitants ont décidé de ne plus verser les loyers pourtant « garantis » aux propriétaires. À l'heure où nous mettons sous presse, les pouvoirs publics n'ont pris aucune disposition réglementaire spécifique permettant aux exploitants de résidences de tourisme de ne plus payer leurs loyers. Et, à notre connaissance, aucune décision de justice n'est encore intervenue sur cette situation délicate.

permettait de minorer ses impôts pendant neuf ans, via une réduction d'impôt. En revanche, en vue de rénover le parc existant, une réduction d'impôt spécifique a été créée pour certains travaux de réhabilitation réalisés par une entreprise sur des logements de plus de quinze ans situés dans une résidence de tourisme classée *(art. 199 decies G bis du Code général des impôts)*. L'avantage fiscal est accordé aux travaux votés en assemblée générale des copropriétaires avant 2020. Ils doivent être achevés au plus tard le 31 décembre de la deuxième année qui suit la décision. Attention, la réduction d'impôt n'est pas applicable aux logements dont le droit de propriété est démembré. Sont visés les travaux d'amélioration de la qualité énergétique du logement (isolation thermique, équipements de chauffage ou de fourniture d'eau chaude sanitaire utilisant une source d'énergie renouvelable…), ceux facilitant l'accueil des personnes handicapées et les travaux de ravalement. Le taux de la réduction d'impôt est de 20 % du montant des travaux payés par chaque copropriétaire, dans la limite de 22 000 € par logement. Soit un avantage maximal de 4 400 € par logement. Elle s'applique au titre de l'année du paiement définitif de la facture par le syndic, autre que des factures d'acompte. Les dépenses engagées au-delà de cette limite peuvent ensuite être amorties. Le logement doit être loué pendant au moins cinq ans à compter de la date d'achèvement des travaux.

> Les loyers doivent être imposés dans la catégorie **des bénéfices industriels et commerciaux** (voir le chapitre 6).

CHAPITRE 2

LES CARACTÉRISTIQUES DE LA LOCATION SAISONNIÈRE

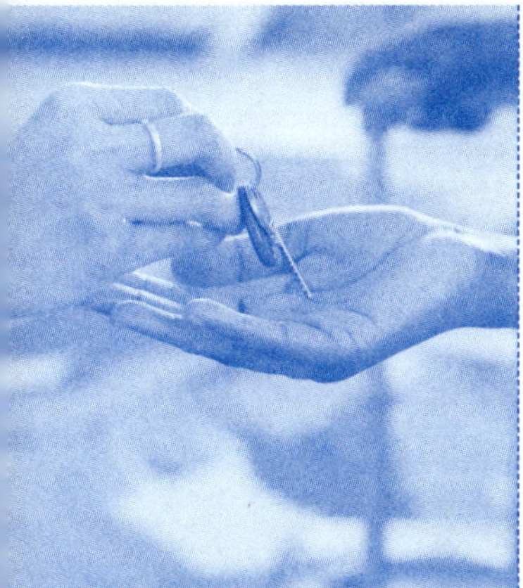

Un logement garni de meubles

Tout bien proposé en location saisonnière doit bien évidemment être meublé. Le choix du mobilier et sa qualité sont très importants pour le confort des locataires et favorisent la location. Pour autant, contrairement à la location meublée à titre de résidence principale, le loueur d'un meublé saisonnier n'est pas tenu de respecter la liste officielle du mobilier minimum prévu par le décret n° 2015-981 du 31 juillet 2015, même s'il peut s'en inspirer.

Des meubles en bon état

Les meubles ne doivent pas nécessairement être neufs, mais réparés ou remplacés, si nécessaire, au fil du temps. Chaque pièce doit être équipée en fonction de l'usage auquel elle est destinée, l'intégralité du logement devant être habitable immédiatement par le locataire. Le propriétaire doit donc déterminer ce qui est nécessaire, selon la configuration des lieux. En outre, la clientèle touristique est très exigeante sur l'équipement et l'entretien du logement. Les pièces d'eau, salle de bains et cuisine doivent être au goût du jour, fonctionnelles et équipées d'un électroménager récent. La literie doit être irréprochable. Afin de conserver matelas et oreillers propres, il est conseillé de protéger les lits avec des alèses et les oreillers avec des sous-taies. Lorsque le logement comporte plusieurs chambres, il est pertinent de prévoir une chambre avec un lit-double et une chambre avec deux lits simples. Il est également judicieux de placer un canapé convertible dans la pièce à vivre ou le salon. Si le logement est suffisamment vaste, il est pertinent de prévoir un espace bureau.

Vous avez intérêt à équiper le logement de certains éléments, dits de confort, si vous souhaitez louer votre logement sans difficultés : cafetière électrique, lave-vaisselle, lave-linge, téléviseur... Tout dépend de la superficie, de sa capacité d'accueil et de son standing. S'il s'agit d'un grand appartement pouvant accueillir une famille, il est recommandé de fournir lave-linge, lave-vaisselle, téléviseur, ainsi que l'électroménager que les locataires s'attendront à trouver. Prévoyez aussi des éléments décoratifs tels que tapis, coussins, table basse, tableaux… Vous pouvez également fournir le linge de maison (draps, serviettes, torchons et nappes).

Privilégiez la fonctionnalité : rangements en nombre suffisant, vaisselle classique facilement remplaçable par le locataire en cas de casse, mobilier solide et dépourvu de toute valeur sentimentale, électroménager facile à utiliser, etc.

Le mobilier et l'équipement du logement ne doit pas présenter de risques manifestes pour la sécurité physique des occupants.

Quel mobilier ?

Même si une location saisonnière ne constitue pas la résidence principale du locataire, le logement doit être équipé a minima du matériel nécessaire à la vie courante des occupants. À titre de repère, le décret n° 2015-981 du 31 juillet 2015 fixant la liste des éléments de mobilier d'un logement meublé prévoit les éléments suivants :

1. **literie avec couette ou couverture ;**
2. **dispositif d'occultation des fenêtres dans les pièces destinées à être utilisées comme chambre à coucher (volets, rideaux ou stores, par exemple) ;**
3. **plaques de cuisson ;**
4. **four classique ou à micro-ondes ;**
5. **réfrigérateur et congélateur (ou, au minimum, réfrigérateur doté d'un compartiment permettant de disposer d'une température inférieure ou égale à moins 6 °C) ;**
6. **vaisselle nécessaire pour la prise des repas ;**
7. **ustensiles de cuisine (casseroles, poêles…) ;**
8. **table et sièges ;**
9. **étagères de rangement ;**
10. **luminaires ;**
11. **matériel d'entretien ménager adapté aux caractéristiques du logement (aspirateur, balai…).**

Pour améliorer le confort de votre location saisonnière, vous pouvez ajouter les équipements suivants : lave-vaisselle, machine à laver, sèche-linge, cafetière classique ou cafetière à dosettes, bouilloire, grille-pain, planche et fer à repasser, sèche-cheveux, salon de jardin, transats, etc.

L'inventaire du mobilier protège le bailleur

Pour être qualifié de meublé, le logement doit être suffisamment équipé dès l'entrée dans les lieux du locataire. Un inventaire du mobilier est donc indispensable lors de la conclusion du contrat et de l'état des lieux. Il s'agit d'un document écrit listant tous les meubles et éléments d'équipement du logement, pièce par pièce, et précisant leur état de manière détaillée. Il doit être signé par les deux parties et annexé au bail (voir le chapitre 5).

> + L'inventaire constitue un **moyen de preuve efficace** des dégradations éventuelles causées par le locataire.

Un logement agréable et connecté

Pour maximiser les chances de louer, se démarquer de la « concurrence » et fidéliser les locataires, il est primordial de bien équiper et de décorer le logement. Vous pouvez vous tourner vers des sociétés spécialisées (décorateur intérieur par exemple) ou le faire vous-même. Pour être harmonieux, le mobilier doit être assorti et la décoration doit être soignée. Pour plaire au plus grand nombre, l'esthétique doit être moderne et simple. N'hésitez pas à ajouter des objets décoratifs (miroirs, cadres au murs, lampes d'appoint, touches de couleurs vives : coussins, rideaux, canapé, etc.).
À ne pas oublier, les connexions téléphoniques et internet, l'accès à un bouquet de chaînes de télévision diversifiées (avec la possibilité de recevoir les chaînes TV internationales), très appréciés des occupants et permettant de les fidéliser. Installer un réseau Wi-Fi performant est également devenu aujourd'hui un incontournable pour répondre aux attentes des voyageurs. Sur les sites de réservation en ligne, les internautes peuvent rechercher les logements proposant un accès Wi-Fi gratuit, preuve de son importance.
Et comme il s'agit d'une location touristique, la présence d'équipements de loisirs sera un véritable atout à mettre en avant : vélos, table de ping-pong, trampoline, boules de pétanque, barbecue, plancha…

Une location pour une courte période

Une location saisonnière est une location d'un logement meublé et équipé destinée à une clientèle de passage, pour les vacances. Elle s'exerce nécessairement sur une courte période, de quelques jours à quelques semaines, le plus souvent compris dans le temps d'une saison touristique, excluant toute possibilité pour l'occupant d'y établir sa résidence principale.

Un caractère saisonnier

Il n'existe pas de définition générale de la location meublée de tourisme. Toutefois, certains textes légaux permettent d'en dégager les critères distinctifs. Par exemple, l'article D. 324-1 du Code du tourisme indique que « les meublés de tourisme sont des villas, appartements, ou studios meublés, à l'usage exclusif du locataire, offerts en location à une clientèle de passage qui y effectue un séjour caractérisé par une location à la journée, à la semaine ou au mois, et qui n'y élit pas domicile. » Par ailleurs, la loi Hoguet *(art. 1-1 de la loi n° 70-9 du 2.01.1970)* régissant l'activité d'agent immobilier précise : « Est considérée comme une location saisonnière pour l'application de la présente loi la location d'un immeuble conclue pour une durée maximale et non renouvelable de quatre-vingt-dix jours consécutifs. » Alors que la location meublée doit faire l'objet d'un bail d'une durée minimale d'un an lorsqu'elle est consentie à titre de résidence principale (durée ramenée à neuf mois pour un locataire étudiant ou à un mois pour un bail mobilité), la location saisonnière peut très bien porter uniquement sur un week-end, voire une nuitée : aucun minimum n'est fixé par la loi. En revanche, pour conserver son caractère saisonnier, sa durée ne doit pas excéder celle d'une saison d'été et/ou d'hiver, c'est-à-dire trois à quatre mois. Cependant, la justice a parfois admis des durées plus longues. Par exemple, les juges ont estimé que, sur la Côte d'Azur, un propriétaire pouvait légitimement effectuer une location saisonnière pendant une durée de six mois, en raison des deux saisons touristiques distinctes existant dans cette zone *(C. cass., civ. 3e, 22.07.1987, n° 86-12858)*. L'essentiel est que la location garde son caractère saisonnier et que le logement ne puisse pas être assimilé à la résidence principale du locataire. En cas de litige, les tribunaux apprécient au cas par cas la validité de ces éléments.

La règle des 120 jours

La loi n° 2018-1021 du 23 novembre 2018 portant évolution du logement, de l'aménagement et du numérique du logement, de l'aménagement et du numérique (dite loi ELAN) interdit de louer sa résidence principale plus de 120 jours par an, sauf exception (obligation professionnelle, raison de santé ou cas de force majeure). Cette interdiction est valable pour les locations dans les communes ayant mis en place la procédure du numéro d'enregistrement (voir p. 22). Le loueur en infraction s'expose à une amende civile dont le montant peut aller jusqu'à 5 000 € *(art. L 324-1-1 du Code du tourisme)*. La commune peut demander au loueur le décompte du nombre de jours de location de sa résidence principale. En cas de non-transmission à la commune, le loueur risque une amende civile dont le montant peut aller jusqu'à 10 000 € *(art. L 324-1-1 du Code du tourisme)*.

> **+** Les agences immobilières et plateformes de location doivent veiller à ce qu'une résidence principale ne soit pas louée plus de 120 jours par an. **Au-delà, la location par leur intermédiaire sera bloquée jusqu'à la fin de l'année** *(art. L. 324-2-1 du Code du tourisme)*.

Une absence de congé

La location saisonnière est conclue pour une durée déterminée, de date à date, et n'est pas renouvelable. Ainsi, le propriétaire d'une location de vacances n'a pas à donner congé à son locataire pour qu'il libère les lieux. Ce dernier n'a aucun droit à se maintenir dans le logement après l'expiration de la période convenue contractuellement.

> **+** Selon la loi Hoguet, la location saisonnière doit être conclue pour une saison, soit en principe pour une durée maximale de **90 jours**. Toutefois, dans certaines villes, la durée maximale a été fixée à **120 jours** par année civile.

Des labels et classements spécifiques

La location saisonnière peut prendre diverses formes. Le plus souvent, le propriétaire loue son logement dans les conditions prévues par le Code civil. Il dispose ainsi d'une grande liberté pour déterminer, notamment, la période, la durée et les conditions de la location, son prix ou encore le montant des charges. Mais il peut aussi offrir au locataire des garanties supplémentaires de confort et d'équipement, en obtenant un classement en meublé de tourisme. Par ailleurs, il peut essayer de promouvoir sa location par l'attribution de différents labels, dont certains sont très réputés. L'obtention de ces classements et labels procède d'une volonté du propriétaire ; ils ne sont jamais obligatoires. Ils permettent toutefois de faire partie d'un réseau, de s'adresser à une clientèle ciblée, et de bénéficier d'avantages fiscaux : le classement en meublé de tourisme, gîte rural (labellisés Gîtes de France ou autres) ou chambre d'hôtes vous permet ainsi de bénéficier d'un abattement forfaitaire de 71 % sur vos revenus jusqu'à 176 200 €, contre 50 % pour les meublés non classés (voir le chapitre 6). Par ailleurs, l'attribution d'un label facilite l'obtention de subventions pour travaux auprès des collectivités locales, en particulier des conseils départementaux. Mais, attention, ceux-ci conditionnent souvent leur aide à un engagement de louer en saison, pendant plusieurs années, à compter de la fin des travaux.

Les meublés de tourisme classés

Obtenir le classement de votre logement en meublé de tourisme permet d'informer vos locataires sur son niveau de confort et d'équipement. Cette démarche n'est pas obligatoire, mais elle rassure les candidats à la location et facilite leur recherche. Les meublés de tourisme sont notés de une à cinq étoiles, par niveau croissant de confort et d'équipement. Ils doivent respecter certaines normes réglementaires et être exempts de nuisances (mauvaises odeurs permanentes, proximité d'une usine, route à grande circulation, ligne de TGV…). La décision de classement est confiée, après visite de votre bien, à un organisme accrédité *(arrêté du 7.05.2012, publié au Journal officiel du 8.05.2012).*

Un classement de une à cinq étoiles

Les meublés de tourisme classés sont répartis dans une des cinq catégories fixées par l'arrêté du 2 août 2010 *(Journal officiel du 17/08/2010)* et exprimées par un nombre croissant d'étoiles selon la qualité des locaux, leur confort et le site. Dans chacune des cinq catégories sont fixés, pour un nombre de personnes donné, les niveaux de superficie, les éléments de confort (aménagement de la salle de bains, nombre de plaques de cuisson, largeur des lits, parking privatif...) et les équipements (télévision, appareils électroménagers, équipements de loisirs...). Toutes ces données figurent dans le descriptif du logement que le propriétaire doit remettre au locataire (voir le chapitre 4).

La procédure de classement

Pour obtenir le classement de votre logement, vous devez le faire visiter par un organisme agréé ou accrédité par le Comité français d'accréditation (Cofrac).

La liste de ces organismes est disponible sur le site d'Atout France, l'agence de développement touristique de la France (www.classement.atout-france.fr), dans la rubrique « Tout savoir sur le classement ». La demande de classement s'effectue au moyen du formulaire Cerfa n° 11819*03. Lors de la visite, l'organisme de contrôle attribue des points au logement, sur 112 critères différents, répartis en trois catégories : le niveau de confort des équipements ; les services proposés aux clients ; les bonnes pratiques en matière de respect de l'environnement et d'accueil des clients en situation de handicap. Dans le mois qui suit, l'organisme vous remet un certificat de visite comportant une proposition de décision de classement, de une à cinq étoiles, en fonction du nombre de points obtenus. Vous avez alors quinze jours pour refuser cette proposition. Passé ce délai et en l'absence de refus, le classement est acquis pour cinq ans. Pendant cette durée, il est possible de demander le classement du meublé dans une catégorie supérieure. La décision de classement est transmise par l'organisme au comité départemental du tourisme

> **+** Vous pouvez informer du classement en meublé de tourisme à l'extérieur de la location en apposant un **panonceau conforme à un modèle officiel.**

pour être mise à disposition du public (mairie, office de tourisme). La visite de contrôle est généralement facturée de 100 € à 200 €.

Les avantages du classement

Faire classer un logement destiné à la location saisonnière en meublé de tourisme offre une meilleure visibilité à vos supports de communication et facilite la recherche de locataires. Vous pouvez, par exemple, demander à figurer sur les listes diffusées par les offices de tourisme. Le classement procure aussi un avantage fiscal, la location étant exonérée de contribution économique

> **+** Les **hébergements dits « insolites »** (cabanes dans les arbres, bulles, roulottes...) ne sont pas classables car ce ne sont pas des maisons ou des appartements reposant sur des fondations.

La loi encadre strictement les chambres d'hôtes

Les chambres d'hôtes sont des « chambres meublées situées chez l'habitant en vue d'accueillir des touristes, à titre onéreux, pour une ou plusieurs nuitées, assorties de prestations » ***(art. L. 324-3 du Code du tourisme).*** **Les exploitants sont soumis à des règles précises** ***(art. D. 324-13 à D. 324-15 du Code du tourisme)*** **: la capacité d'accueil ne peut pas excéder cinq chambres pour une capacité maximale de quinze personnes ; l'accueil doit être assuré par l'habitant ; la prestation doit comprendre la mise à disposition d'une chambre pourvue de sanitaires (salle d'eau et WC), la fourniture de linge de maison et d'un petit déjeuner.**

Toute personne qui offre à la location une ou plusieurs chambres d'hôtes doit en avoir préalablement fait la déclaration auprès du maire du lieu de l'habitation, en précisant le nombre de chambres, le nombre maximal de personnes susceptibles d'être accueillies et la ou les périodes prévisionnelles de location. Les chambres d'hôtes ne font l'objet d'aucun classement officiel et l'adhésion à un réseau labellisé, non obligatoire, relève d'une démarche volontaire du propriétaire. La liste des chambres d'hôtes peut être consultée en mairie ou auprès de l'office de tourisme de la commune concernée.

territoriale (CET ; voir le chapitre 7) lorsqu'elle porte sur votre habitation personnelle (résidence principale ou secondaire dont vous vous réservez la disposition en dehors des périodes de location). Pour le locataire, le classement apporte une garantie de qualité et lui évite, a priori, de mauvaises surprises. Attention, cependant, s'il considère que le logement n'est pas conforme à son classement, il peut en référer à la préfecture, par courrier. Cela peut entraîner un nouveau contrôle du logement, voire son déclassement.

Les labels touristiques

Selon la localisation de votre bien et la thématique de vacances que vous souhaitez proposer aux occupants de votre logement, vous pouvez vous adresser à différents labels (ou réseaux commerciaux).

Gîtes de France

Les meublés de tourisme peuvent se voir attribuer ce label en fonction de l'emplacement : il faut un environnement rural, calme et préservé, sans danger, loin de toute pollution (y compris sonore). Différents types de logements peuvent être labellisés : gîte rural, chambre d'hôte (aménagée dans sa propre habitation), gîte d'étape (situé sur un itinéraire de randonnée), gîte d'enfants (accueillant les groupes scolaires), chalet loisir… Le logement peut aussi être situé en ville, sous l'appellation « City Break ».
Au total, le réseau Gîtes de France propose 70 000 hébergements répartis sur toute la France. Pour bénéficier de ce label, vous devez adhérer à la Fédération nationale des Gîtes de France. Site : www.gites-de-france.com.

Clévacances : locations de maisons, d'appartements ou de chambres d'hôtes

Clévacances est un label national agréé par le ministère du Tourisme, et dont la charte fait référence à l'arrêté de classement des meublés de tourisme. Les logements sont classés de une à cinq clés selon l'environnement, l'aménagement intérieur, l'accueil et l'assistance des vacanciers. Une clé correspond à un confort simple, deux à un confort standard et à une situation géographique agréable, trois à une décoration plus soignée. Les catégories quatre et cinq clés visent les propriétés anciennes ou les villas avec piscine, tennis... Ce label concerne 12 000 locations de vacances et 3 000 chambres d'hôtes (dans des appartements, villas ou demeures de caractère) réparties sur tout le territoire, en métropole et outre-mer. Clévacances propose aussi des hébergements insolites tels que roulottes, péniches, cabanes dans les arbres… Chaque location est contrôlée, tous les quatre ans, par un professionnel du tourisme. Le label couvre un large éventail de choix géographiques à tous les prix. Site : www.clevacances.com.

Gîtes Panda : dans les parcs naturels

Ce label est attribué par la branche française du WWF (World Wild Fondation), l'organisation mondiale de protection de la nature. Il regroupe 280 hébergements estampillés Gîtes de France situés, sauf

Trois solutions pour trouver des locataires

Plusieurs solutions existent pour trouver des adeptes de la location saisonnière. La plus simple est de confier un mandat à une agence spécialisée. Pour 20 à 30 % des loyers, elle se charge de tout : choix des locataires, signature des baux, encaissement des loyers, établissement des états des lieux, ménage, assurances... Autre possibilité pour toucher un maximum de candidats, s'abonner à un site Internet dédié à la location saisonnière pour passer une annonce : airbnb.fr, leboncoin.fr, abritel.fr, amivac.com, mediavacances.com, location-et-vacances.com, papvacances.fr... Ces sites accueillent plusieurs centaines de milliers de visiteurs chaque mois. Une fois l'annonce passée, le propriétaire doit accomplir seul toutes les formalités locatives habituelles. Enfin, pour trouver des locataires sans intermédiaire, la solution la plus efficace consiste à faire labelliser son logement. Gage de qualité pour les clients, les locations saisonnières labellisées trouvent plus facilement preneur et ont souvent un taux de remplissage supérieur aux locations non labellisées. En outre, les gestionnaires des labels assurent la diffusion des annonces de location, via leur catalogue et leur site Internet.

cas exceptionnels, dans un parc naturel régional ou national, et qui répondent aux trois critères suivants : être situés dans un environnement naturel de qualité, comporter un équipement d'observation de la nature, des documents d'information spécifiques et être gérés par des propriétaires (ou responsables) soucieux de la préservation de l'environnement. Les gîtes sont contrôlés, comme les autres Gîtes de France, au moins une fois tous les trois ou cinq ans. Pour le locataire, c'est l'assurance d'être dans un environnement naturel préservé et de pouvoir le découvrir dans de bonnes conditions. Site : www.gites-defrance.com.

Accueil Paysan : découvrir la vie en milieu rural

Ce label à forte vocation éducative a été créé par des exploitants agricoles pour maintenir et faire connaître la vie en milieu rural grâce à l'accueil de touristes (hébergement en chambres, gîtes ou camping, restauration, ventes de produits de la ferme). Il concerne 1 200 adresses, en France et à l'étranger. Les adhérents s'engagent à faire découvrir à leurs visiteurs leur métier et l'environnement rural

La location est équipée d'une piscine

Les piscines familiales de plein air dont le bassin est partiellement ou totalement enterré, qu'elles soient privatives ou à usage collectif (situées dans une copropriété, par exemple), doivent être munies d'un dispositif de sécurité normalisé visant à prévenir le risque de noyade des jeunes enfants *(art. L. 128-1 et s. du Code de la construction et de l'habitation)*. Plusieurs dispositifs destinés à empêcher l'accès au bassin d'un enfant de moins de 5 ans sont homologués : barrière de protection, système d'alarme, couverture, abri. Le choix appartient au propriétaire, pourvu qu'il réponde aux normes de sécurité en vigueur. L'installateur doit fournir une note technique indiquant le dispositif de sécurité normalisé retenu. Le propriétaire d'une piscine non sécurisée ou dont le dispositif de sécurité n'est pas conforme aux normes en vigueur est passible, outre les poursuites pénales en cas d'accident, d'une amende de 45 000 € *(art. L. 152-12 du Code de la construction et de l'habitation)*.

(animaux, plantes, rythme des saisons…). Le confort est fonction de l'habitat local et la majorité des produits servis proviennent de l'exploitation. Un contrôle des accueils est effectué tous les deux ou trois ans. Site : www.accueil-paysan.com.

Bienvenue à la ferme : découvrir les métiers de la campagne

Plus de 6 200 agriculteurs, répartis sur toute la France, s'engagent à faire découvrir à leurs hôtes leur métier et leurs produits à travers la vente directe à la ferme, la restauration à base de recettes du terroir, l'hébergement (chambres d'hôtes, gîtes ou camping à la ferme) et plusieurs activités de loisirs de plein air (chasse, équitation, pêche…). Les critères de confort et de qualité des hébergements sont ceux des Gîtes de France, avec qui un partenariat a été établi. Un contrôle est effectué tous les trois ans. Site : www.bienvenue-a-la-ferme.com.

Rando Accueil : 200 étapes sur le chemin des randonneurs

Rando Accueil est un réseau qui regroupe tous types d'hébergements (gîtes d'étape, hôtels, chambres d'hôtes, campings, villages vacances, villages de gîtes, roulottes…) spécialisés dans les activités de découverte, de randonnées (à pied, vélo, kayak, cheval, ski, raquette…) et des sports « nature » en général. Ce label est décliné en Rando Gîte (gîtes de randonnée), Rando Plume (chambres d'hôtes), Rand'Hôtel (hôtels) ou Rando Toile (campings). Tous ces hébergements doivent être situés à côté d'un chemin de randonnée. On peut y poser son sac pour la nuit ou pour quelques jours et y trouver des informations (cartes, documentation...) sur les balades alentour (à pied, à vélo, à cheval, en canoë…). Des services complémentaires sont parfois proposés : restauration, transport de bagages, guides… Les établissements labellisés doivent respecter un référentiel qui définit les équipements et les services adaptés aux activités de nature et de randonnée. Ils sont contrôlés régulièrement. Site : www.rando-accueil.com.

Le label tourisme et handicap

Pour rendre les lieux de vacances et les sites touristiques accessibles aux personnes handicapées, quel que soit leur handicap, le ministère du Tourisme a créé le label national Tourisme et Handicap. Il garantit l'accessibilité d'équipements touristiques labellisés. Chaque site fait l'objet d'une visite de contrôle réalisée par des évaluateurs formés à cet effet. Un même équipement peut être labellisé pour une ou plusieurs déficiences (motrice, visuelle, auditive, mentale). Le label est un outil de promotion pour les professionnels du tourisme, car il valorise les efforts réalisés pour rendre accessibles leurs établissements. Le label est délivré suivant une procédure nationale, dont la gestion a été confiée à l'association Tourisme et Handicaps. Site : www.tourisme-handicaps.org. La liste des sites labellisés est disponible à l'adresse : www.entreprises.gouv.fr/tourisme-handicap.

+ La **marque d'État « Destination pour tous »** permet de valoriser les territoires qui favorisent l'accès des personnes handicapées au tourisme.

METTRE SON BIEN EN LOCATION

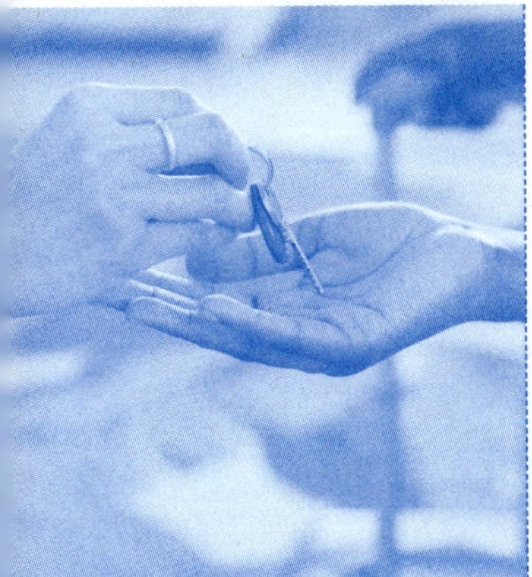

Choisir un site de location pour une visibilité maximale

Il existe différentes solutions pour louer un meublé saisonnier : bouche-à-oreilles, offices de tourisme, agences immobilières spécialisées (Fnaim-Vacances...), centrales de réservation de logements labellisés (Gîtes de France, Clévacances...), réseaux sociaux (Facebook...), etc. Mais, de l'avis de tous, le recours à une plateforme dédiée à la location saisonnière est la solution la plus efficace pour gagner en visibilité. Ces plateformes vous permettent en quelques clics de proposer votre bien aux touristes français et étrangers.
Voici une liste non exhaustive des sites les plus connus : Abritel HomeAway, Airbnb, Booking, Interhome, Leboncoin, TripAdvisor Rentals.

Les démarches et le fonctionnement

Publier son annonce sur un site Internet spécialisé en locations de vacances est devenu incontournable pour tout propriétaire qui veut atteindre un taux de remplissage maximal. En effet, les vacanciers consultent et réservent en ligne leur location saisonnière. Les sites et les plateformes sont nombreux et variés. Ils ont chacun leurs spécificités : location franco-française, voire régionale, location à l'international, réseaux de meublés labellisés, et leur propre mode de fonctionnement.

Les démarches et formalités

Sur les plateformes de location saisonnière et les portails de mise en relation, tout propriétaire peut poster une annonce pour louer son bien, aux conditions qu'il souhaite, dans le respect de la règlementation.
Les plateformes informent les propriétaires des obligations déclaratives qui leur incombent : déclaration en mairie, etc. (voir p. 24).
Le bailleur doit déclarer sur l'honneur avoir respecté ses obligations.
L'annonce de location saisonnière publiée sur la plateforme doit obligatoirement mentionner le numéro d'enregistrement. À défaut, la plateforme doit retirer l'annonce de son site (voir p. 24).

Les échanges d'information entre le loueur et le candidat locataire s'effectuent le plus souvent par messagerie sécurisée et les coordonnées personnelles ne sont pas transmises avant la confirmation de la réservation. Les modalités de paiement, les conditions d'annulation des réservations (pour le propriétaire et le locataire) et de remboursement diffèrent selon les sites. Par exemple, sur Airbnb, le loueur reçoit son versement dans les 24 heures suivant l'arrivée du voyageur, et c'est lui qui décide de son mode de paiement.
Étudiez avec soins les conditions générales de vente et les Foires aux questions (FAQ) en ligne sur les plateformes.

Le fonctionnement

Vous devez rédiger l'annonce vous-même, prendre des photos et fixer le montant du loyer qui vous semble adapté. Des plateformes telles que Airbnb, donnent parfois des conseils sur le montant du loyer à fixer, en fonction du bien proposé, de ses caractéristiques et des périodes de location. La plateforme peut se contenter de mettre en relation propriétaire et vacancier. Le bailleur gère alors lui-même l'ensemble de la location : établissement du contrat de location, accueil du locataire, etc.

> + Il appartient à chaque loueur de **vérifier la réglementation locale** qui s'applique au bien meublé proposé à la location (voir p. 22).

Les frais et commissions

Les frais et commissions varient selon les sites. En général, ces frais sont à la charge du propriétaire pour la mise en ligne de son annonce (facturation à l'unité, forfait, abonnement) ou pour le traitement de la transaction ou de la réservation du logement.
Des suppléments peuvent s'ajouter pour que l'annonce soit plus visible (apparition en tête de liste) ou accessible à l'étranger.
Sur Airbnb, l'inscription sur la plateforme et la publication de l'annonce sont entièrement gratuites. Des frais de service sont facturés à « l'hôte » pour chaque réservation confirmée. Le montant des frais est généralement de 3 %.

Comment fixer ses prix ?

Pour s'assurer une bonne rentabilité locative et donc réussir son investissement locatif saisonnier, il convient de fixer un loyer de location permettant d'encaisser de bons revenus tout en évitant la vacance locative.

Calculer votre prix plancher

Pour fixer le prix de votre location, vous devez établir votre prix plancher, c'est-à-dire le montant du loyer à partir duquel votre opération deviendra rentable. En-deçà de ce seuil, vous louerez à perte ! Pour calculer le prix plancher, vous devez additionner l'ensemble de vos frais annuels (éventuel crédit immobilier, aménagement du logement, mobilier, charges, assurance, électricité, abonnement Internet, service de nettoyage, entretien, etc.) et de diviser le résultat obtenu par le nombre de jours de l'année. Cela vous permet de connaître le prix minimal d'une nuitée dans votre meublé saisonnier.

Étudier les prix de la concurrence

Afin d'affiner le prix de la nuitée, comparez votre prix plancher avec les prix pratiqués par vos concurrents pour des logements similaires au vôtre (nombre de pièces, type de logement, emplacement, etc.). Vous pouvez décider de vous aligner sur les prix de la concurrence ou de proposer un loyer plus attractif. Cette seconde solution est recommandée en cas de première mise en location, afin de vous démarquer et d'attirer vos premiers locataires. Cela vous permettra sans doute de bénéficier de premiers avis sur les plateformes, et donc de gagner en visibilité, ce qui vous autorisera alors à augmenter progressivement vos loyers.

Les critères à retenir

Certaines caractéristiques du logement influent sur le montant du loyer. L'emplacement du bien est la variable clé. Le loyer d'un bien situé dans un endroit très touristique, par exemple proche de la mer ou des pistes de ski sera plus élevé qu'un bien comparable éloigné de tout site attractif. Les critères propres au logement influent également sur le prix du loyer : une bastide avec piscine se louera plus chère qu'une maison sans caractère. La capacité d'accueil et le nombre de couchages sont aussi déterminants car il est possible de louer plus cher un grand logement (plus de 8 couchages) dans la mesure où il peut être loué par plusieurs familles ou un groupe d'amis qui se partageront les frais. La saison impacte aussi le prix de la location. À l'exception notable de Paris, les prix sont plus élevés en haute saison (période estivale à la mer, période hivernale à la montagne, notamment pour les vacances de février). Les prix peuvent aussi grimper en période de festivals : festival de Cannes, festival d'Angoulême, Francofolies de la Rochelle...

Les erreurs à proscrire

Même si vous débutez dans l'aventure de la location saisonnière, veillez à ne pas fixer un loyer trop bas par rapport aux prix de la concurrence car cela peut avoir un effet contre-productif : les vacanciers peuvent en effet se détourner de votre bien par crainte de mauvaises prestations (défauts, nuisances...) ou tout simplement par peur d'une arnaque. À l'inverse, ne soyez pas trop gourmands. Fixer un loyer trop élevé vous expose au risque de vacance locative ou à des avis négatifs si les locataires estiment que le niveau de loyer ne correspond pas aux prestations proposées.

> + N'hésitez pas à **réviser vos loyers à la hausse ou à la baisse**, selon le nombre de réservations.

Comment rédiger une annonce percutante ?

L'annonce est très importante pour susciter l'intérêt des candidats locataires et booster les réservations. Vous devez donc prendre le temps de la rédiger afin de donner envie aux internautes de poser leurs valises dans votre meublé saisonnier et non pas chez les concurrents. De plus, ne sous-estimez pas la qualité des photos car elles constituent le principal élément déclencheur chez le vacancier.

Miser sur l'information

Il existe plusieurs règles à remplir pour rédiger une annonce attractive et efficace.

Tout d'abord, évitez les fautes d'orthographe et soignez le titre. Celui-ci doit être précis et accrocheur afin d'attirer les internautes, en suscitant de l'intérêt. Dans l'idéal, le titre doit informer sur le type de bien (appartement, villa, chalet, etc.), sa localisation (mer, ville, campagne, montagne), un qualificatif bref sur les spécificités du bien (longère, maison de pêcheur, appartement moderne, etc.) et ses atouts principaux (piscine, terrasse avec vue imprenable, proximité d'un monument historique...). Le titre de l'annonce peut être par exemple : « grand chalet contemporain avec piscine chauffée à 200 mètres des pistes, à Chamonix ». Ne vous limitez pas d'un laconique « chalet à Chamonix ».

Par ailleurs, l'annonce doit répondre à toutes les questions que peut se poser un vacancier. Il doit pouvoir réserver le logement sans avoir de doute. Indiquez la surface du logement, le nombre de chambres, avec la description du nombre de couchages et leurs caractéristiques (lit double, lit simple, lits superposés, canapé convertible, etc.), le nombre de salles de bains et de WC, la cuisine tout équipée et la liste des équipements d'électro-ménager : four, four micro-ondes, lave-vaisselle, etc. Faites ressortir la présence d'équipements tels une machine à café à dosette,

> **+** Votre annonce doit être **facile à lire et vendeuse.** Bannissez le style froid et purement informatif et optez pour un style accrocheur.

une machine à laver, un sèche-linge, un barbecue, du matériel pour bébé (lit parapluie, chaise haute et baignoire). N'oubliez pas non plus de renseigner sur la connexion Internet, un emplacement de stationnement, la fourniture ou non du linge de maison, la possibilité d'amener un animal, etc.

Ce n'est pas tout. Vantez l'environnement de votre bien et les atouts de sa région : sites touristiques, monuments historiques, lieux culturels, spécialités locales, activités sportives et ludiques (randonnées pédestres, raquettes, kayak, pêche, vélo...).

Pour autant, ne vous noyez pas dans les détails : votre annonce doit avant tout faire « rêver » l'internaute et l'aider à se projeter dans ses futures vacances.

Comment choisir ses locataires

Avant de rédiger l'annonce, vous devez réfléchir au type de locataires que vous ciblez : couple, famille ou groupe d'amis, en fonction de la capacité du logement. L'offre doit alors répondre à leurs besoins. Par exemple, si vous visez des familles, vous pouvez mentionner la présence d'un kit bébé ou d'un mobilier adapté pour les enfants de bas âge. Pour une grande villa, vous pouvez valoriser les atouts de la piscine, du barbecue ... afin d'attirer des « tribus ». Une fois l'annonce postée, vous pouvez avoir plusieurs candidats locataires qui se présentent en même temps et se pose alors la question des critères de départage à utiliser. Le plus simple est celui du « premier arrivé, premier servi », sous réserve que vous receviez un paiement d'acompte, en gage de réservation (p. 68).

Si vous louez votre résidence secondaire de façon épisodique, vous pouvez également demander au candidat locataire de justifier d'une extension de garantie « villégiature ». Elle est souvent déjà présente dans son contrat d'assurance multirisque habitation et transpose l'ensemble de ses garanties aux différentes locations saisonnières dans lesquelles il réside. Cette garantie « villégiature » vous évite de souscrire une assurance dite « pour le compte de qui il appartiendra » (voir p. 80).

Publier de belles photos

Le visuel est tout aussi important que l'écrit, voire davantage. Les photos pèsent lourd dans la décision finale de l'internaute. Prenez le temps de réaliser des photos de qualité professionnelle, bien cadrées et lumineuses pour valoriser au mieux votre logement et son extérieur, avec un focus sur ses atouts (piscine, grande pièce à vivre, jolie vue, etc.). Les pièces doivent être bien rangées, propres, les lits faits, un bouquet sur la table de la salle à manger... Les voyageurs doivent pouvoir s'imaginer dans les lieux.

Choisissez avec soin votre première photo. C'est celle qui apparaît en gros dans l'annonce et dans les moteurs de recherche. C'est l'atout charme de votre publication, alors soignez-la.

Pour prendre des photos de qualité, suivez ces conseils :

- Photographiez en pleine journée, si possible par temps ensoleillé. Ouvrez tous les volets, stores et rideaux pour faire entrer la lumière du jour et donner une vue sur l'extérieur.
- Optez pour le format paysage (horizontal), c'est le plus adapté à une publication sur internet.
- Faites attention aux miroirs, vitres, écran de la télé : on ne doit pas vous voir.
- Prenez du recul, en vous mettant à l'extrémité de la pièce pour qu'elle ait l'air plus spacieuse.
- Valorisez les détails : une belle cheminée, un joli salon de jardin, etc.
- N'utilisez pas de filtres esthétiques : la photo doit être réaliste et honnête.

Gérer seul ou déléguer ?

Avant de s'engager dans l'aventure de la location saisonnière, il faut être conscient de ses contraintes. Elle est en effet synonyme d'une rotation accélérée des vacanciers, ce qui signifie des entrées et sorties fréquentes, une grande disponibilité pour accueillir les locataires, répondre à leurs questions, établir les états des lieux, faire le ménage entre deux locations, etc.

Louer seul

Louer en solitaire est la solution idéale pour tous ceux qui louent de façon épisodique leur résidence secondaire. Ou encore, pour tous ceux qui louent de façon régulière une location saisonnière et qui disposent de temps suffisant pour la gestion locative. Le portrait-robot idéal étant celui du loueur à la retraite habitant à proximité de sa location saisonnière ou encore de particuliers ayant fait de la location saisonnière leur activité (quasi) principale. Sachez alors que c'est à vous de piloter l'ensemble de la gestion locative, de l'accueil au ménage, en passant par l'entretien du mobilier et de l'électroménager. Sans oublier la résolution éventuelle des problèmes en cours de séjour.

+ Vous pouvez **commander le dossier de location numérique *Logement meublé à usage de résidence de vacances* sur le site leparticulier.lefigaro.fr**, rubrique Boutique. Ce dossier contient des documents prêts à l'emploi, fiables et simples d'utilisation : mode d'emploi détaillé, formulaires de bail, annexes, état des lieux, inventaire du mobilier...

Déléguer la gestion

Si vous ne résidez pas à proximité de votre meublé saisonnier ou si vous avez peu de temps à consacrer à votre location saisonnière ou bien encore si vous ne souhaitez pas vous occuper des aspects pratiques, il vous faudra trouver quelqu'un pour s'occuper de la logistique : remise des clés, ménage entre deux locataires. S'il est tout à fait possible de demander à un voisin ou à un ami de vous rendre quelques menus services de temps à autre, comme la remise des clés, il est illusoire de leur déléguer toutes les tâches. Vous n'aurez alors pas d'autre choix que de faire appel à un ou plusieurs professionnels qui s'occuperont de tout.

L'agence immobilière

Vous pouvez confier un mandat de gestion à un administrateur de biens. Ses missions comportent la recherche de locataires, la rédaction des contrats de location, l'état des lieux et l'inventaire lors de la remise et de la restitution des clés, l'encaissement des loyers et des charges et l'entretien des biens. Privilégiez un professionnel spécialisé dans la location meublée saisonnière car il sera en mesure de répondre spécifiquement aux attentes des locataires souvent exigeants. Sachez toutefois qu'il est plus difficile de dénicher un professionnel spécialisé si votre bien est situé en dehors des zones touristiques. De plus, tous les logements ne sont pas acceptés par les professionnels. Certains d'entre eux n'acceptent que les biens haut de gamme et écartent tous les logements qui ne leur paraissent pas conformes aux normes de décence (installation électrique défectueuse, par exemple) pour des questions de responsabilité. Ils boudent également les biens trop excentrés, petits, en bref tous ceux qui sont difficilement louables par rapport aux autres biens saisonniers du secteur. Pour des raisons de rentabilité, ils refusent aussi de prendre en gestion les biens loués à la nuitée, n'acceptant que de louer a minima à la semaine.

> + Les **agences immobilières spécialisées dans la location saisonnière** sont sécurisantes pour le loueur. Mais attention, elles n'acceptent pas tous les logements.

Attention, ce service a un coût, celui de la tranquillité. Comptez aux environs de 20 % hors taxe des loyers. C'est plus cher que pour une location meublée en résidence principale (10 %), en raison du turn-over des locataires plus élevé en location saisonnière, et de toutes les opérations qui en découlent : changement des draps, ménage, etc. Pour autant, il est possible de négocier le montant de ces honoraires en fonction de l'étendue des missions confiées au professionnel.

Les conciergeries

Les loueurs peuvent recourir à des services de conciergerie. Ces sociétés proposent des forfaits plus ou moins étendus, à adapter selon vos besoins. Le concierge peut intervenir à l'arrivée des locataires, à leur départ et pour le ménage. Il est aussi possible de bénéficier d'un service de blanchisserie pour les draps et les serviettes. En revanche, vous devrez souvent gérer les autres aspects de la location : gestion locative (rédaction de l'annonce, prise des photos, établissement des baux, des états des lieux, des inventaires, fixation du loyer, gestion du ou des calendriers si vous êtes sur plusieurs sites, etc.). Sauf à recourir à une conciergerie qui gère tout de A à Z : rédaction de l'annonce avec photos professionnelles, gestion de l'arrivée et du départ, prise en charge de tout type de dépannage, etc. Comptez alors 20 % du prix des nuitées.

CHAPITRE 4

LA CONCLUSION DU CONTRAT DE LOCATION SAISONNIÈRE

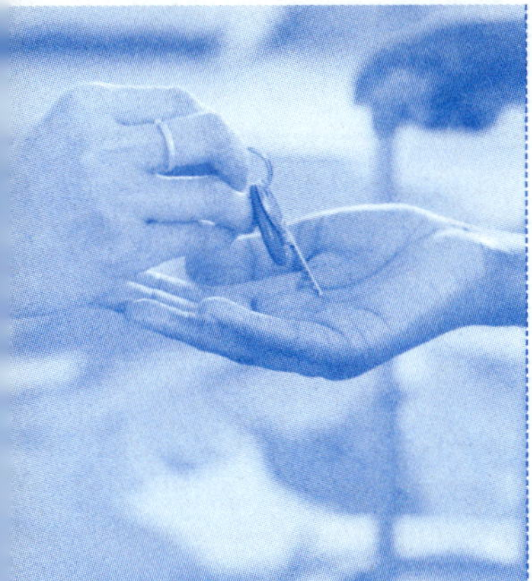

L'information préalable du locataire

Toute offre de location saisonnière doit permettre aux candidats locataires de disposer de l'information la plus complète sur le logement et les conditions de la location. À cette fin, le propriétaire doit leur remettre, avant la conclusion du contrat de location, un descriptif précis du logement. Il doit également leur fournir certains diagnostics sur son état.

Un état descriptif précis est nécessaire

L'arrêté n° 25-305 du 16 mai 1967 relatif aux locations saisonnières en meublé impose de remettre au locataire, avant la conclusion d'un contrat de location saisonnière en meublé, un descriptif complet et précis du logement, de sa situation dans la commune et des conditions de la location, notamment le prix et les modalités de paiement. Lorsque le propriétaire fait état d'un label ou d'un classement (voir le chapitre 2), le descriptif doit aussi contenir les éléments caractéristiques de celui-ci.

Un modèle-type

Cet état descriptif, dont l'arrêté du 2 août 2010 fournit un modèle-type dans son annexe IV, permet au locataire de conclure le contrat de location à distance (par voie postale ou électronique) en toute connaissance de cause. Il en fait partie intégrante, une fois celui-ci conclu. Afin de n'oublier aucune information, vous pouvez utiliser le modèle d'état descriptif reproduit en annexe (p. 138) et n'hésitez pas à y joindre quelques photos et éventuellement un plan pour expliquer l'agencement des pièces. Soyez le plus précis et exact possible, notamment pour la superficie, le nombre et le type de couchage (lit ou canapé-lit ; à une place, à deux places) ou encore la distance entre le logement et les centres d'intérêt touristique (pistes de ski, mer, centre-ville, etc.).

La description doit être sincère

Toute discordance entre la description fournie par le propriétaire et la réalité peut constituer un manquement au contrat, justifiant une action en dédommagement, voire en annulation du contrat, de la part du locataire. Le propriétaire qui ne respecte pas cette obligation se rend coupable d'offre de service sans respect des règles d'information du consommateur sur les prix et les conditions de vente. Cette infraction est punie d'une amende de 3 000 € *(art. L. 131-5 du Code de la consommation)*. Le propriétaire qui enjolive la réalité prend également un risque. En effet, une petite annonce, même émanant d'un particulier, constitue une publicité et peut donc tomber sous le coup des articles L. 121-2 à L. 121-5

Quelles relations contractuelles ?

Les locations meublées saisonnières échappent à la réglementation sur les baux d'habitation, notamment à la loi du 6 juillet 1989 qui régit les rapports locatifs en cas de location nue ou meublée à usage de résidence principale du locataire. Elles relèvent, pour l'essentiel, de la liberté contractuelle et, à titre supplétif, des dispositions du Code civil en l'absence d'accord des parties sur certains points du contrat. Ce sont donc le propriétaire et le locataire qui fixent librement les conditions de leur relation. Toutefois, l'article L. 324-2 du Code du tourisme impose de rédiger par écrit un contrat de location indiquant le prix de la location et comportant un état descriptif des lieux. En outre, vous devez vous conformer à certaines règles disséminées dans les Codes de la consommation, du tourisme et pénal. Notamment, vous avez l'obligation de déclarer votre location saisonnière en mairie, sauf si elle porte sur votre résidence principale *(art. L. 324-1-1 du Code du tourisme)*. Une autorisation spécifique est également requise pour la location meublée de tourisme dans certaines grandes villes (voir le chapitre 2). Par ailleurs, toute offre de location doit désormais contenir le numéro de déclaration en mairie, sauf si elle porte sur votre résidence principale *(art. L. 324-1-1 du Code du tourisme)* et indiquer si vous êtes un particulier ou un loueur en meublé professionnel.

du Code de la consommation réprimant la publicité trompeuse. Celle-ci peut entraîner une condamnation du propriétaire à une très lourde amende, pouvant atteindre 300 000 € *(art. L. 454-1 du Code de la consommation).*

De même, un descriptif ne mentionnant pas, dans la rubrique « Éventuels inconvénients de voisinage (bruits, odeurs, etc.) », que l'immeuble était inachevé, a été jugé trompeur *(C. cass., crim., 12.11.1986, n° 85-95538).* Autre exemple, le propriétaire qui oublie d'informer le locataire de la proximité d'une voie de circulation se rend coupable d'une réticence dolosive de nature à entraîner la nullité du contrat *(C. cass., 3e civ., 12.07.2000, n° 98-19289).* Par ailleurs, le décret n° 67-128 du 14 février 1967 prévoit que « sera punie d'une amende de 3 750 €, toute personne qui, à l'occasion d'une location saisonnière ou d'une offre de location saisonnière d'un local meublé, en vue de l'habitation, aura fourni des renseignements manifestement inexacts sur la situation de l'immeuble, la consistance et l'état des lieux, les éléments de confort ou l'ameublement ».

> Un propriétaire, ayant fait état dans son descriptif d'un label de qualité « Clévacances » qu'il n'avait pas, **a été condamné pour délit de publicité mensongère** *(CA Caen, 23.02.2009, n° 08/00263).*

Un soin particulier doit donc être apporté par le propriétaire à la rédaction du descriptif à remettre au locataire. Il doit être fidèle à la réalité et précis, en particulier sur les points qui sont les plus susceptibles de prêter à contestation : nombre et nature des couchages (lits simples ou doubles, lits pliants, canapés convertibles...), équipements sanitaires (baignoire ou douche, W.-C. séparés ou non), équipements de la cuisine, situation du logement (distance par rapport à la plage ou aux commerces, par exemple).

Le logement doit faire l'objet de diagnostics

Comme pour toute location meublée, le bailleur d'une location saisonnière doit présenter au locataire un dossier de diagnostic technique (DDT) avant la signature du contrat de location.

Toutefois, il n'est pas tenu d'établir un diagnostic de performance énergétique (DPE ; *art. L 134-3-1 du Code de la construction et de l'habitation*), ni de faire figurer l'étiquette énergie sur ses annonces, lorsque le logement est utilisé moins de quatre mois (ou 120 jours), consécutifs ou non, par an. Dans le cas contraire, il doit en fournir un modèle plus simplifié que celui prévu pour les autres locations.
Le cas échéant, un ou plusieurs autres diagnostics doivent être établis, selon la localisation du bien et sa date de construction.

Locataires, que faire en cas de litige ?

Le locataire, confronté à un défaut de conformité de la location saisonnière avec la description du propriétaire, peut agir de diverses manières. Tout d'abord, il peut tenter une négociation directe avec lui, pour obtenir à l'amiable une réduction du prix ou une annulation de la location et le remboursement des sommes payées. Il peut aussi faire pression sur le propriétaire en l'informant qu'en l'absence de règlement amiable, il laissera un avis négatif sur Internet et/ou les réseaux sociaux. À défaut d'accord, il peut solliciter les organismes ayant enregistré le loueur (mairie, office de tourisme, organismes délivrant des labels touristiques...). Pour tenter d'infléchir le propriétaire, il peut aussi prendre conseil sur la marche à suivre auprès de l'Adil (Agence départementale d'information sur le logement ; site : www.anil.org) ou d'une association de consommateurs.
Il est aussi possible de s'adresser à la Direction départementale de la protection des populations (DDPP), en charge de la protection économique et de la sécurité du consommateur (liste disponible sur : www.economie.gouv.fr).
Si aucune de ces démarches n'aboutit, il est conseillé d'agir en justice, devant le tribunal judiciaire, pour faire annuler la location et/ou obtenir des dommages-intérêts.
Enfin, une action au pénal, avec dépôt de plainte auprès du procureur de la République (ou dans n'importe quel commissariat) peut également être envisagée, notamment en cas de publicité trompeuse.

L'état des risques et pollutions. Ce document doit dater de moins de six mois. Si le logement est situé dans une zone couverte par un plan de prévention des risques naturels, miniers ou technologiques, ou dans une zone de sismicité. Le bailleur peut télécharger et établir lui-même l'imprimé, grâce aux informations fournies par l'administration sur le site : www.georisques.gouv.fr.

Le diagnostic bruit. Depuis le 1er juin 2020, un diagnostic sur les risques de nuisances sonores aériennes doit être fourni au locataire si le logement se situe dans une zone d'exposition au bruit des aéroports. Une annexe pour l'information sur les Plans d'exposition au bruit (PEB) autour des aéroports est disponible sur le site www.georisques.gouv.fr. Ce diagnostic n'a qu'une valeur informative.

Le constat de risque d'exposition au plomb (Crep). Ce document est obligatoire si le logement a été construit avant 1949. Il est établi par un diagnostiqueur certifié. En principe, le Crep doit être établi depuis moins de six mois au moment de la location mais sa validité est illimitée en l'absence de revêtements contenant du plomb ou si la concentration de plomb dans les revêtements est inférieure à 1 mg/cm². L'absence de constat dans le contrat de location, quand il est obligatoire, est susceptible d'engager votre responsabilité pour manquement aux obligations de sécurité et de prudence. En copropriété, ce diagnostic ne concerne que le logement loué et non les parties communes.

L'état de l'installation intérieure d'électricité ou de gaz. L'état de l'installation intérieure de gaz et d'électricité est obligatoire dès lors que l'installation a plus de 15 ans (ou pour le gaz, si le dernier certificat de conformité a plus de 15 ans). Pour un logement situé dans une copropriété, la vérification ne concerne que les parties privatives. Ces diagnostics doivent être réalisés par un professionnel certifié. Ils ont une durée de validité de six ans.

> Vous ne pouvez pas faire supporter le coût d'un diagnostic à votre locataire, mais cette **dépense est déductible fiscalement de vos loyers.**

Le dossier amiante. Contrairement aux autres diagnostics, le document état d'amiante qui concerne les logements dont le permis de construire a été délivré avant juillet 1997, ne doit pas être annexé au contrat de location. La loi oblige le propriétaire à tenir à disposition du locataire, sur simple demande, la fourniture d'une copie de l'état mentionnant la présence ou l'absence d'amiante, mais cette obligation n'est pas entrée en vigueur car le décret correspondant n'est pas encore paru à ce jour.

La procédure de réservation

Le plus souvent, la conclusion du contrat de location se matérialise par la confirmation (écrite) de l'accord du bailleur, en réponse à l'acceptation du locataire et au versement du montant de la réservation. Cette pratique permet au loueur de gérer plus facilement les nombreuses réponses à son annonce de location. Ce mécanisme est autorisé, dès lors qu'il est clairement explicité dans le contrat et que le délai de confirmation du bailleur et le délai de restitution des sommes versées sont précisés *(Recommandation n° 94-04 de la Commission des clauses abusives).*

Un contrat écrit est obligatoire

Dans une location saisonnière, le contrat est la plupart du temps conclu sans la présence simultanée du propriétaire et du locataire. Lorsqu'un professionnel et un consommateur sont mis en relation, ce qui est le cas lorsque le propriétaire charge un mandataire de conclure le contrat, le locataire doit recevoir une offre de contrat comportant des informations obligatoires *(art. L. 221-8 du Code de la consommation)* : caractéristiques essentielles du logement, dates et prix de la location, nom et coordonnées du professionnel... Notez que la loi ne prévoit pas de droit de rétractation en matière de location saisonnière *(art. L. 221-28, 12° du Code de la consommation).* Le locataire a toutefois la faculté de se dédire lorsque l'avance qu'il a versée est qualifiée d'arrhes (voir ci-dessous). Dans tous les cas, il est obligatoire de formaliser la location saisonnière par écrit. Plus les engagements respectifs du locataire et du bailleur sont formulés précisément, plus les risques de litige sont réduits. Cela, d'autant plus que la loi du 6 juillet 1989 sur les baux d'habitation, très détaillée, n'est pas applicable aux locations saisonnières. Les seules références légales sont les articles 1708 à 1762 du Code civil, qui concernent les contrats de louage en général. En plus du descriptif du logement et du prix de la location, le contrat doit préciser notamment la durée du contrat. Une mention

> **+** La conclusion du contrat de location **ne requiert pas la présence physique des parties** et peut se faire par simple échange postal.

déterminante pour qualifier un bail de location saisonnière et écarter ainsi tout risque de requalification en bail d'habitation.

Une avance peut être demandée au locataire

À la conclusion du contrat, il est pratiquement toujours demandé au locataire de verser une partie du prix de la location d'avance. Lorsque la transaction est conclue par l'intermédiaire d'un agent immobilier, l'avance ne doit pas représenter plus de 25 % du prix et elle ne doit pas être demandée plus de six mois avant le début de la location. Le paiement du solde peut être exigé, au plus tôt, dans le mois qui précède le début de la location *(art. 68 du décret n° 72-678 du 20.07.1972)*. Lorsque le contrat est conclu directement entre le propriétaire et le locataire, le montant de l'avance et le moment de son versement ne sont pas réglementés. Toutefois, il est d'usage de prévoir des modalités identiques à celles prévues pour les agents immobiliers.

> + Il est souvent prévu que le solde du prix sera versé au plus tard **lors de la remise des clés** au locataire.

- **Si l'avance est qualifiée d'arrhes** dans le contrat, le locataire comme le propriétaire peuvent se dédire, c'est-à-dire revenir sur leur engagement et ce, même après la conclusion du contrat : le premier en renonçant à la somme versée, le second en remboursant le double de la somme perçue *(art. 1590 du Code civil)*.

Nos dossiers de location saisonnière prêts à l'emploi

Pour les bailleurs qui ne font pas appel à un professionnel, le plus simple est d'utiliser un modèle de contrat-type, tel celui inclus dans notre dossier de location « Les locations saisonnières », disponible sur notre site leparticulier.lefigaro.fr, rubrique « Boutique », puis « Dossiers de location ». Le loueur limite ainsi le risque d'inscrire dans le contrat des clauses illégales ou abusives.

- **Si, au contraire, l'avance est qualifiée d'acompte,** l'engagement est considéré comme définitif pour les deux parties. Le locataire ou le loueur qui se désiste doit alors indemniser l'autre à concurrence du préjudice qu'il a subi. Ainsi, le locataire pourra devoir payer la totalité du prix si le bien n'a pu être reloué.

Si vous passez par un site Internet pour la location de votre logement, ce site, à condition qu'il soit agréé, peut effectuer pour votre compte les déclarations de début d'activité, les déclarations périodiques et le paiement des cotisations. Les cotisations sont alors directement prélevées sur le montant des transactions effectuées par son intermédiaire *(art. L. 613-6 du Code de la Sécurité sociale).*

Si le contrat ne donne pas de qualification précise, l'avance versée est réputée constituer des arrhes *(art. L. 214-1 du Code de la consommation).* Attention, le propriétaire ne peut pas cumuler les avantages des arrhes et des acomptes. Une clause du contrat lui réservant le droit de se désister moyennant la restitution de l'avance au locataire, alors que celui-ci doit verser la totalité du prix s'il se désiste, est considérée comme abusive *(Recommandation n° 94-04 de la Commission des clauses abusives).*

La loi relative à la lutte contre la fraude *(Loi n° 2018-898 du 23.10.2018, art. 10)* impose aux plateformes de location en ligne de déclarer au fisc le montant annuel des revenus perçus et le nombre de transactions passées par leurs utilisateurs, à partir d'un seuil d'activité annuel fixé à 3 000 € de gains ou vingt transactions *(Arrêté du 27.12.2018, JO du 30).*

Des cotisations sociales sont dues à partir de 23 000 €

Si vous louez un ou plusieurs biens meublés (à la journée, à la semaine ou au mois), et que cela vous rapporte en 2021 plus de 23 000 € de recettes annuelles, votre activité présente un caractère professionnel. Vous devez alors enregistrer votre activité, vous affilier à une caisse de Sécurité sociale et payer des charges sociales sur vos loyers.

À noter, en dessous de 23 000 € de recettes annuelles, les revenus de votre activité relèvent de la gestion du patrimoine privé et ne donnent pas lieu au paiement de cotisations sociales. Vous devez néanmoins déclarer vos recettes à l'administration fiscale lors de votre déclaration de revenus.

>>>

>>>

CAS GÉNÉRAL

• Vos recettes annuelles en 2021 sont comprises entre 23 000 € et 72 600 €.

Vous avez le choix entre trois statuts sociaux : régime général, micro-entrepreneur ou travailleur indépendant.

• Vos recettes annuelles en 2021 sont supérieures à 72 600 €.

Un seul statut possible : vous devez opter pour le statut de travailleur indépendant.

MEUBLÉ DE TOURISME CLASSÉ

• Vos recettes annuelles en 2021 sont comprises entre 23 000 € et 72 600 €.

Vous avez le choix entre trois statuts sociaux : régime général, micro-entrepreneur ou travailleur indépendant.

• Vos recettes annuelles en 2021 sont comprises entre 23 000 € et 176 200 €.

Vous avez le choix entre deux statuts sociaux : micro-entrepreneur ou travailleur indépendant.

• Vos recettes annuelles en 2021 sont supérieures à 176 200 €.

Un seul statut possible : vous devez opter pour le statut de travailleur indépendant.

CHAMBRES D'HÔTES

• Vos revenus annuels en 2021 n'excèdent pas 5 348 €.

Les revenus de cette activité relèvent de la gestion du patrimoine privé et ne donnent pas lieu au paiement de cotisations sociales. Vous déclarez néanmoins vos recettes à l'administration fiscale lors de votre déclaration de revenus.

• Vos revenus annuels en 2021 sont compris entre 5 348 € et 176 200 €.

Vous avez le choix entre deux statuts sociaux : micro-entrepreneur ou travailleur indépendant.

• Vos recettes annuelles en 2021 sont supérieures à 176 200 €.

Un seul statut possible : vous devez opter pour le statut de travailleur indépendant.

Pour le régime général, vous devez déclarer votre activité, déclarer vos recettes et régler vos cotisations auprès de l'Urssaf (urssaf.fr).
Pour le régime de micro-entrepreneur, vous devez déclarer votre activité, déclarer vos recettes et régler vos cotisations sur le site : www.autoentrepreneur.urssaf.fr.
Attention, l'option d'affiliation à ce régime n'est pas ouverte aux personnes ayant constitué une société civile immobilière (SCI).
Pour le régime de travailleur indépendant, vous vous affiliez sur le site : www.guichet-entreprises.fr et déclarez vos bénéfices sur le site : www.net-entreprises.fr

L'entrée et la sortie du logement en pratique

Pour se démarquer, fidéliser sa clientèle et s'assurer d'avis positifs, des petits plus peuvent faire la différence. Voici quelques conseils pratiques à adopter sans plus attendre.

L'entrée dans le logement

Plusieurs possibilités s'offrent à vous pour remettre les clés à vos locataires : une remise en mains propres ou une remise via une personne de confiance (voisin, ami, administrateur de biens, conciergerie). Vous pouvez aussi automatiser la gestion des entrées/sorties grâce à une poignée digicode sur la porte d'entrée, une boîte à clés sécurisée (code individuel envoyé par SMS ou email) ou encore une clé électronique (ouverture avec une application sur smartphone). Cette dernière solution permet aux locataires d'arriver 24h/24.

Afin d'assurer un accueil chaleureux, vous pouvez disposer un bouquet de fleurs fraîches sur la table de la salle à manger et/ou prévoir un cadeau de bienvenue : une bouteille d'eau minérale ou de jus de fruit, une spécialité locale, une bouteille de rosé ou de champagne au réfrigérateur sera très appréciée ! Prévoyez aussi quelques produits de base dans la cuisine : café, sucre, sel, huile, produit vaisselle, éponge..., et dans la salle de bains, comme du savon, du shampoing, du papier toilette, etc.

+ Si les charges ne sont pas forfaitisées ou comprises dans le prix du loyer (voir p. 74), il faut procéder à un **relevé contradictoire des compteurs** à l'entrée du locataire dans les lieux, puis à son départ.

Il est également conseillé de rédiger, en plus d'un petit mot de bienvenue écrit à la main, un mode d'emploi de votre logement, éventuellement rédigé en plusieurs langues (emplacement du compteur électrique, arrivée d'eau, notices d'utilisation des appareils électroménagers, etc.), les instructions d'arrivée et de départ, les bons conseils et bons plans locaux, le numéro auquel vous joindre en cas d'urgence, sans oublier les numéros d'urgence.

En présence d'une piscine, n'hésitez pas à faire figurer les différentes consignes pour sa bonne utilisation et notamment de celle de son dispositif de sécurité (voir p. 44). Rappelez que ce dispositif ne remplace en aucun cas la vigilance des adultes qui doivent exercer une surveillance constante et active, et qu'il est indispensable d'équiper les jeunes enfants de dispositifs de flottaison (bouée adaptée, brassards, etc.) lors de la baignade et autour de la piscine.

+ L'obligation d'établir la fiche individuelle de police **n'est assortie d'aucune sanction**. Toutefois, dans ce cas, le loueur est en droit de refuser à la personne étrangère la mise à disposition du logement.

La fiche individuelle de police

Toute personne qui loue un hébergement touristique (meublé de tourisme ou chambre d'hôtes) à un occupant de nationalité étrangère, y compris à un ressortissant de l'Union européenne, doit lui faire remplir une fiche individuelle de police. La personne étrangère doit remplir et signer la fiche dès son arrivée. Les enfants âgés de moins de 15 ans peuvent figurer sur la fiche d'un adulte qui les accompagne. La fiche de police doit contenir les informations personnelles suivantes : nom et prénoms, date et lieu de naissance, nationalité, domicile habituel, numéro de téléphone mobile, adresse électronique, dates d'arrivée au sein du meublé et date de départ prévue, date et signature. En pratique, le propriétaire peut avoir des difficultés à faire remplir cette fiche à tous les occupants, ces derniers n'étant pas obligatoirement présents lors de la remise des clés. Une clause du contrat de location peut autoriser le loueur à remplir la fiche individuelle de police avec les informations obtenues pour que le vacancier n'ait plus qu'à signer la fiche à son arrivée. Le loueur doit conserver la fiche pendant six mois. Il doit la remettre, sur leur demande, aux services de police et de gendarmerie. Cette transmission peut s'effectuer sous forme dématérialisée. La transmission automatique n'est plus obligatoire depuis 2015.

La sortie du logement

Par défaut, le locataire doit rendre le logement dans l'état dans lequel il l'a reçu, conformément à l'état des lieux dressé à l'entrée (voir p. 78). Généralement, le contrat précisera tout de même que le logement doit être rendu propre et nettoyé en fin de location. Si l'état de propreté du logement n'est pas satisfaisant lors de la restitution des clés par le locataire, il est nécessaire de le préciser sur l'état des lieux de sortie afin que le coût du ménage soit retenu sur le dépôt de garantie (forfait possible).

Rien ne vous interdit de proposer, en plus du loyer, un « forfait ménage » au locataire. Cela revient à évaluer par avance le coût nécessaire au nettoyage du logement. Sachez qu'il s'agit d'un service particulièrement apprécié par les vacanciers qui, contre une somme déterminée à l'avance, sont dispensés d'effectuer le ménage à la fin de leur séjour.

Un « forfait nettoyage du linge de maison » peut être prévu, sur le même principe que le « forfait ménage », si du linge de maison (draps, serviettes de toilette, etc.) est fourni avec le logement. Afin d'éviter toute contestation, il est recommandé d'indiquer dans le contrat de location les tarifs pratiqués pour le nettoyage du linge, en détaillant éventuellement : coût pour les draps, les serviettes, les torchons, etc.

Par ailleurs, en fin de location, demandez à vos locataires leur avis sur la prestation, oralement ou via un questionnaire papier, ce qui vous permettra de rectifier certains points. Profitez-en pour leur demander de laisser des avis positifs sur les plateformes de location en ligne afin de gagner en visibilité et d'améliorer votre image.

> **+ Pensez à vous réserver du temps entre chaque location** pour vous laisser le temps de rendre les lieux propres et d'aérer avant l'arrivée des nouveaux locataires.

LE CONTENU DU CONTRAT DE LOCATION SAISONNIÈRE

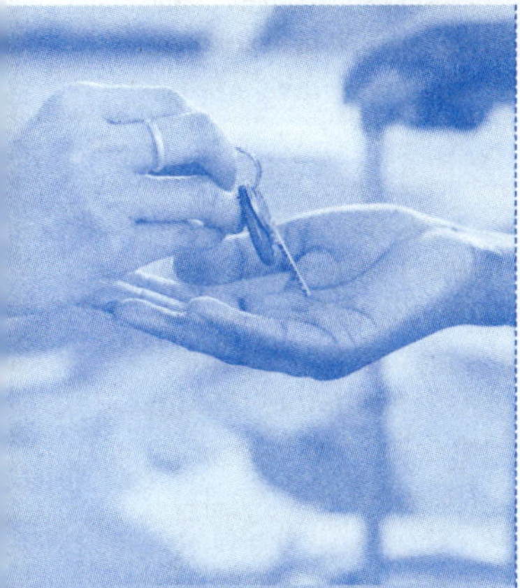

Le prix de la location

Particularité de la location saisonnière, le locataire n'a généralement pas la possibilité de visiter le logement avant de signer le contrat et de prendre possession des locaux. Aussi, la rédaction du contrat de location est-elle particulièrement importante. Les clauses du bail doivent préciser le prix de la location et les obligations respectives des parties. Sans oublier, bien sûr, sa durée.

Le prix englobe généralement les charges

Le contrat de location doit indiquer le montant du loyer. Celui-ci est généralement fixé toutes charges comprises, ce qui est plus pratique pour des locations de courte durée. Il est aussi conseillé de demander au locataire le versement d'un dépôt de garantie, qui lui sera restitué à son départ du lieu.

Le loyer est libre

La fixation du loyer d'une location saisonnière est libre. Il est possible de prévoir un prix différent suivant la période de location au sein de la même saison. Si le loyer est indiqué sans autres précisions, il est réputé être forfaitaire et global. D'éventuels suppléments ne pourront alors être demandés au locataire que s'ils sont expressément prévus au contrat : charges (eau, gaz, électricité, chauffage, téléphone...), ménage, blanchisserie, commission de l'agent immobilier, taxe de séjour... Dans une location saisonnière, ni la nature ni le mode de décompte des charges ne sont réglementés, à la différence des locations à usage de résidence principale, qui sont régies par la loi du 6 juillet 1989. À savoir, il est possible de faire varier le loyer en fonction du nombre d'occupants.

> **+** Aucune TVA **ne peut être facturée au locataire,** que le loueur soit un professionnel ou un particulier.

Un forfait de charges est possible

Il est possible de prévoir un forfait de charges (x € par jour de fonctionnement du chauffage, par exemple). En pratique, il est préférable d'indiquer un prix de location tout compris ou, à défaut, des charges forfaitaires, ce qui évite les vérifications et les comptes compliqués avec le locataire lors de la restitution des locaux. Dans certaines communes touristiques, une taxe de séjour est due par le loueur qui la répercute sur ses locataires (voir le chapitre 7). Son

Le logement doit être en bon état

Un logement destiné à la location saisonnière n'est pas soumis au respect des critères de décence minimum définis par le décret n° 2002-120 du 30 janvier 2002. Mais pour avoir une chance de trouver des locataires, le propriétaire doit proposer à la location un logement en bon état, correctement équipé et entretenu, toutes les réparations nécessaires ayant été faites avant l'arrivée des locataires *(art. 1719 et 1720 du Code civil)*. Dans le cas contraire, il peut être condamné à leur verser des dommages-intérêts. Des locataires ont, par exemple, obtenu 300 € de dédommagement en raison de la présence de souris, d'odeurs nauséabondes dans les sanitaires et d'une literie de qualité insuffisante : matelas hors d'usage, lattes manquantes sur un sommier, trois matelas à remplacer… En revanche, comme ces défauts ne justifiaient pas, selon les juges, l'interruption du séjour dans les lieux, ils ont refusé de mettre à la charge du propriétaire les frais que les locataires avaient engagés pour trouver un autre logement *(CA Toulouse, 17.3.2009, n° 07/04840)*. D'autres locataires ont été indemnisés pour un mobilier abîmé et une literie sale *(CA Poitiers, 6.9.1989, n° 1796/88)*. Dans les cas les plus graves, le bail peut même être annulé. Ainsi, des locataires rentrés chez eux du fait de la saleté repoussante et de la dangerosité de l'installation électrique d'un logement de vacances (le courant électrique passait dans l'évier en acier de la cuisine) ont obtenu l'annulation du contrat, le remboursement de la totalité du prix payé, ainsi que 2 286 € de dommages-intérêts *(CA Besançon, 11.05.1994, n° 2276/92)*. D'autres ont obtenu l'annulation du contrat de location, le remboursement intégral de la location d'une villa en Corse, le paiement de leurs billets d'avion de retour et 1 000 € de dommages-intérêts pour un logement sale et infesté de rats et de souris *(CA Bastia, 20.9.2006, n° 04/00958)*.

montant est proportionnel à la durée du séjour et au nombre d'occupants du logement.

Un dépôt de garantie est parfois réclamé

Pour un propriétaire, des garanties sont nécessaires lorsqu'il laisse sa maison à des inconnus. Il peut demander au locataire le versement d'un dépôt de garantie, destiné à couvrir d'éventuels frais de remise en état. En outre, lorsque la location porte sur des biens de standing, il est recommandé de demander au locataire, en plus du dépôt de garantie, une caution personnelle (limitée à une certaine somme), afin de permettre de couvrir de grosses réparations, sur une piscine, par exemple.

Le montant du dépôt de garantie

Entre particuliers, le montant du dépôt de garantie n'est pas réglementé. Il est d'usage qu'il représente de 20 % à 25 % du prix de la location. Son montant doit être mentionné dans le contrat de location, ainsi que son délai de restitution (lequel n'est pas non plus fixé par la loi). Le bailleur a deux possibilités : soit encaisser le chèque et en rembourser le montant au locataire après avoir effectué un état des lieux de sortie satisfaisant (voir p. 78) ; soit ne pas l'encaisser et attendre l'état des lieux pour restituer ou non le chèque au locataire. En pratique, le bailleur choisit la deuxième possibilité.

Le délai de restitution

Le contrat doit prévoir un délai de restitution du dépôt de garantie suffisant pour laisser le temps au propriétaire de faire réaliser des devis en vue de justifier la retenue éventuellement pratiquée. À cet égard, sachez que la Commission des clauses abusives condamne les clauses autorisant le loueur à estimer lui-même forfaitairement les sommes à prélever sur le dépôt de garantie *(Recommandation n° 00-01 du 01.01.2000, consultable sur le site www.clauses-abusives.fr).*

Les obligations des parties

Le contrat de location saisonnière doit fixer en détail les conditions de la location et les droits et obligations respectives des parties : dates et heures d'arrivée et de départ, états des lieux d'entrée et de sortie, inventaire du mobilier, restrictions diverses, entretien du logement. La location saisonnière étant une location pour les vacances, uniquement destinée à une clientèle de passage, il n'est pas possible pour le locataire d'y fixer sa résidence principale ou secondaire, ni d'y exercer une quelconque activité commerciale, artisanale ou professionnelle. Comme pour toute location, le bailleur saisonnier est tenu d'assurer une jouissance paisible du logement loué à ses locataires (voir l'encadré p. 79).

Les modalités d'occupation du logement

Afin d'éviter tout malentendu, le propriétaire doit informer le locataire des modalités d'occupation du logement le plus tôt possible.

Le début et la fin de la location

Il est préférable de stipuler les dates et heures précises de début et de fin de la location, plutôt qu'une période de location (août, vacances de Pâques). Ainsi, si le locataire prend possession des lieux en retard, il ne peut pas exiger que la location soit prolongée d'autant. De même, s'il décide de quitter le logement avant la fin du contrat, le propriétaire ne lui doit aucun remboursement partiel. Si la location comporte un jardin d'ornement ou une piscine, il est possible d'en imposer l'entretien par une personne de confiance ou une entreprise. Son coût sera inclus dès le départ dans le prix de la location.

Les clauses ne doivent pas être abusives

Les clauses restreignant les modalités d'occupation du logement doivent être rédigées avec soin et ne pas être abusives. Ainsi, le propriétaire peut valablement interdire purement et simplement la présence d'animaux familiers, ou bien la soumettre à son autorisation préalable *(art. 10 de la loi n° 70-598 du 9.07.1970)*. En revanche, d'autres restrictions sont à proscrire car tombant sous le coup de l'article 225-1 du Code pénal, qui réprime les discriminations fondées notamment sur l'origine, l'âge, le sexe ou la situation de famille. Le bailleur ne peut pas, par exemple, interdire la présence de jeunes enfants, ni refuser de louer à un « groupe de jeunes ». À éviter, également, les clauses conférant au bailleur des droits qui violent ceux du locataire, telle une clause l'autorisant à pénétrer dans les lieux sans son autorisation.

+ Il faut indiquer au locataire **les éventuelles restrictions et interdictions** figurant dans le règlement de copropriété ou le règlement intérieur de l'immeuble.

Les états des lieux et l'inventaire du mobilier

Pour prévenir tout litige, le propriétaire doit prendre le temps d'établir avec soin deux états des lieux (l'un à l'arrivée et l'autre au départ de son locataire), ainsi qu'un inventaire du mobilier.

Les états des lieux

Les parties doivent établir un état des lieux en double exemplaire à l'arrivée, puis au départ du locataire. L'état des lieux d'entrée permet de consigner l'état exact du logement lors de la remise des clés, afin de déterminer si les locaux ont subi des dégâts pendant la location. En effet, c'est la comparaison entre l'état des lieux d'entrée et celui de sortie qui permettra au propriétaire de retenir des sommes sur le dépôt de garantie, et d'arbitrer ainsi les litiges potentiels. L'état des lieux d'entrée doit être complété par un inventaire du mobilier (voir ci-dessous). Ce document permet d'effectuer les mêmes constatations pour les meubles mis à la disposition du locataire. Si aucun état des lieux n'est fait à l'entrée, le logement est censé avoir été reçu en bon état par le locataire et doit être restitué à l'identique *(art. 1731 du Code civil)*. En pratique, il est déconseillé d'enchaîner les locations sans faire d'états des lieux entre chacune d'elles. En effet, en cas de dégradations, il sera difficile, en cas de détériorations commises, d'isoler la responsabilité d'un locataire plutôt que d'un autre.

L'inventaire du mobilier

En plus d'un état des lieux, il est conseillé d'annexer au bail un inventaire précis du mobilier présent dans le logement. Ce document permet de prouver que la location est meublée et qu'il n'est pas possible pour le locataire de demander la requalification du bail en contrat de location nue soumise à la loi du 6 juillet 1989. De plus, cela permet d'apporter la preuve que les meubles appartiennent au propriétaire. Même si cela reste une hypothèse rare en pratique, un locataire pourrait en effet arguer de l'article 2276 du Code civil, selon lequel « en fait de meubles, la possession vaut titre ». Autrement dit, à défaut d'inventaire détaillé, un locataire indélicat pourrait se fonder sur cet article pour se prétendre propriétaire des meubles contenus dans le logement.

Bien qu'il soit fastidieux d'établir de façon exhaustive l'état des lieux et l'inventaire du mobilier à l'arrivée et au départ de chaque locataire, ces documents sont nécessaires à la bonne exécution du contrat. Il est cependant possible de prévoir dans le contrat un délai,

> Selon la Commission des clauses abusives, **le locataire doit bénéficier d'au moins trois jours** pour formuler des réclamations relatives à l'état des lieux *(Recommandation n° 94-04 du 1.07.1994).*

Assurer la tranquillité du locataire

Vous êtes tenu de garantir au locataire la jouissance paisible du logement loué. Vous ne pouvez pas pénétrer dans les locaux loués sans son autorisation (la violation de domicile est pénalement sanctionnée). Vous êtes également responsable des vices et défauts de la construction, dès lors qu'ils causent un préjudice au locataire : insuffisance de chauffage due à des équipements défectueux ; isolation acoustique insuffisante ; mauvais état des canalisations d'eau… En revanche, vous n'êtes pas responsable, en principe, des troubles de jouissance causés par un tiers : cambriolage, nuisances sonores des voisins… Vous pouvez toutefois l'être pour des nuisances occasionnées par un autre de vos locataires, notamment si vous restez inactif malgré les plaintes adressées par le locataire gêné.

après le début de la location, pendant lequel l'une ou l'autre des parties peut faire des observations complémentaires.

Le locataire doit prendre soin du logement

Pendant la période de location, le locataire doit entretenir le bien comme s'il s'agissait du sien. Il doit également prendre soin des équipements et du mobilier qui le garnissent. Il est présumé responsable des dégâts survenus pendant la location et le propriétaire peut lui en demander réparation. Pour faire tomber cette présomption de responsabilité, le locataire doit prouver que les dégâts ont été occasionnés par un événement de force majeure ou qu'ils sont la conséquence de la vétusté du logement *(art. 1730 du Code civil).* Ou encore, qu'ils sont le fait d'un tiers qu'il n'a pas lui-même introduit dans le logement.

Le locataire doit être assuré

Le locataire est responsable du logement mis à sa disposition pendant la durée de la location. C'est pourquoi les contrats saisonniers lui imposent généralement d'être assuré contre les risques de vol, incendie et dégât des eaux. Contrairement à la location d'un logement à usage de résidence principale, il ne s'agit pas d'une obligation légale, mais elle est très fortement conseillée. Pour vérifier son respect, le propriétaire peut exiger la fourniture par le locataire d'une attestation de l'assurance multirisque habitation de sa résidence principale mentionnant une extension, dite « garantie villégiature » couvrant ce type de risques. Son coût est, a priori, moins onéreux que la souscription d'une assurance spéciale. Elle est parfois comprise dans la couverture de base de l'assurance multirisque habitation. Autre solution pour le propriétaire, il peut souscrire lui-même une garantie spéciale auprès de son assureur, dite « garantie pour le compte de qui il appartiendra ». Le locataire se trouve ainsi couvert pour tous les dommages qu'il pourrait causer, à lui-même ou à un tiers. Le propriétaire n'a donc pas besoin dans ce cas de vérifier que le locataire est assuré.

Les clauses abusives dans les contrats de location saisonnière

La Commission des clauses abusives recommande que soient éliminées des contrats de locations saisonnières les clauses ayant pour objet ou pour effet* :

- d'opérer une discrimination permettant au professionnel de résoudre le contrat pour des motifs fondés sur l'âge des occupants ;
- de permettre au professionnel de modifier unilatéralement les conditions initiales du contrat ;
- de permettre au professionnel de ne pas exécuter le contrat en remboursant au consommateur les sommes versées par celui-ci en excluant toute forme d'indemnité ;
- de prévoir qu'en cas de dédit du consommateur, celui-ci sera débiteur de la totalité du loyer prévu par le contrat, alors que le professionnel ne serait pas tenu à une obligation équivalente ;
- d'imposer au consommateur un délai inférieur à trois jours pour effectuer, lors de son entrée dans les lieux, toute réclamation relative à l'état de ceux-ci ;
- d'exonérer le professionnel de toute responsabilité en cas de manquement à son obligation de délivrance des lieux et des équipements conformes à l'état descriptif et en bon état d'entretien et de fonctionnement ;
- de permettre au professionnel de faire effectuer pendant la durée de la location des travaux non dictés par l'urgence manifeste ;
- d'exclure, en cas de travaux dictés par l'urgence, tout droit pour le consommateur d'obtenir réparation des troubles de jouissance qu'il aurait subis de ce fait ;
- de réserver au professionnel le droit d'effectuer les formalités de sortie de manière unilatérale et après le départ du consommateur, sans offrir à celui-ci la possibilité d'exiger l'établissement d'un état des lieux contradictoire ;
- de fixer des délais trop brefs pour les réclamations que peut être amené à faire le consommateur après l'expiration de la location ;
- de prévoir une attribution de compétence territoriale ou à des juridictions commerciales ou encore d'imposer au consommateur des clauses compromissoires (clauses ayant pour but d'exclure la compétence des tribunaux de l'ordre judiciaire).

* Recommandation n° 94-04 du 1.07.1994, consultable sur le site www.clauses-abusives.fr. Bien que ces recommandations aient été formulées à l'encontre de clauses déséquilibrées rédigées par des professionnels, les propriétaires qui font de la location saisonnière à titre non professionnel ont également intérêt à les respecter.

CHAPITRE 6

LE MODE D'IMPOSITION DES LOYERS

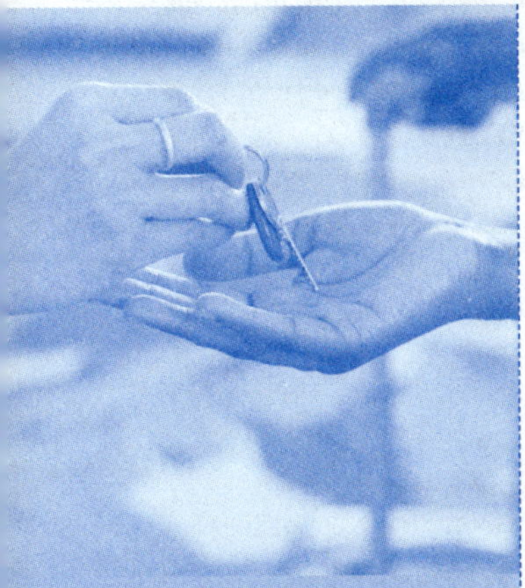

Des loyers imposables en BIC

Les revenus provenant de la location d'un logement meublé sont imposables en tant que bénéfices industriels et commerciaux (BIC), et non en tant que revenus fonciers. Peu importe que la location soit consentie à usage de résidence principale ou de location saisonnière. Peu importe, également, que la location meublée soit consentie à titre habituel ou de manière occasionnelle.

Les loyers relèvent du régime d'imposition simplifié du « micro-BIC », lorsque leur montant ne dépasse pas un certain plafond. Votre bénéfice imposable est alors calculé par le fisc, après déduction d'un abattement forfaitaire sur vos loyers déclarés, sans tenir compte des charges que vous avez réellement supportées. Au-delà du plafond, vos loyers sont soumis au régime réel d'imposition des BIC. Lorsque vous relevez du micro-BIC, vous pouvez aussi renoncer à cette déduction forfaitaire et vous placer volontairement sous le régime réel d'imposition, si vous y avez intérêt.

Les loyers de vos locations meublées sont soumis au prélèvement à la source sous la forme d'un acompte d'impôt. Ils sont aussi soumis à un acompte de prélèvements sociaux (CSG, CRDS, etc.) si vous exercez l'activité de loueur à titre non professionnel.

Le paiement de cotisations sociales

Les loueurs en meublé professionnels (LMP) doivent payer des cotisations sociales sur leurs recettes locatives, comme tout travailleur indépendant, pour financer leur protection sociale (voir l'encadré p. 125).

Depuis 2017, y sont également soumis les non-professionnels qui donnent en location meublée des logements pour de courtes durées à des touristes de passage (locations saisonnières), si les recettes qu'ils en tirent, appréciées au niveau du foyer, dépassent 23 000 € (sauf location via une agence immobilière). Peu importe, en revanche, que ces recettes ne dépassent pas les autres revenus professionnels du foyer.

Pour les loueurs de chambres d'hôtes, le paiement de cotisations est obligatoire dès lors que le revenu imposable excède 5 348 € en 2021 (ce qui correspond à 13 % du plafond annuel de la Sécurité sociale).

Les locations exonérées

Si vous louez en meublé une partie de votre habitation principale, deux types de locations peuvent, sous condition de revenus, vous permettre d'être exonéré d'impôt *(art. 35 bis du CGI)* : la location de chambres d'hôtes et la location à titre de résidence principale du locataire. Ces deux exonérations peuvent se cumuler si vous louez à des étudiants durant l'année universitaire et à des touristes pendant l'été. Elles prendront fin pour les revenus encaissés à partir du 1er janvier 2024.

La location de chambres d'hôtes

Si vous louez ou sous-louez, de manière habituelle, à la journée, à la semaine ou au mois, une ou plusieurs pièces de votre résidence principale, à une clientèle n'y élisant pas domicile, vos loyers sont exonérés si vos recettes annuelles ne dépassent pas 760 €. Ce plafond s'entend toutes taxes comprises et s'applique à la totalité des sommes encaissées en contrepartie de la location proprement dite et, le cas échéant, des prestations annexes (petit déjeuner ou téléphone, par exemple). En cas de dépassement, vous êtes imposable sur la totalité des revenus, pas seulement sur la différence entre les recettes perçues et 760 €.

> + L'activité de loueur en meublé peut être exercée **à titre non professionnel ou professionnel**. Une distinction importante, notamment en ce qui concerne, le traitement des déficits ou des plus-values.

La location à usage de résidence principale

La seconde exonération ne vise pas la location saisonnière, mais peut se cumuler avec celle applicable aux chambres d'hôtes. Vous en bénéficiez lorsque les pièces de votre habitation sont louées à usage de résidence principale du locataire, et que le loyer annuel par mètre carré loué, charges non comprises, reste fixé dans des limites raisonnables. Pour les loyers de 2021, l'administration a fixé les plafonds à 191 €/m² en Île-de-France et à 141 €/m² dans les autres régions. Cette exonération s'applique aux locations meublées consenties à des travailleurs saisonniers qui y fixent leur résidence temporaire.

Le versement d'un acompte d'impôt

Depuis la mise en œuvre du prélèvement à la source de l'impôt, en janvier 2019, vos revenus sont désormais imposés tout au long de l'année, au fur et à mesure de leur encaissement, et non plus l'année suivante. Pour l'application du prélèvement, certains revenus ne sont pas soumis au système de la retenue à la source, faute de tiers collecteur pour prélever l'impôt. Ils relèvent de l'acompte d'impôt, prélevé directement sur votre compte bancaire par l'administration fiscale tous les mois, ou tous les trimestres sur option. Tel est le cas des revenus tirés d'une location saisonnière.
Particularité de cet acompte, il n'est pas calculé sur la base de vos revenus de l'année en cours, comme c'est le cas pour la retenue à la source pratiquée sur vos salaires ou vos pensions de retraite, mais sur la base de vos revenus des années précédentes.

Les locations touristiques par Internet

Les revenus des locations meublées de courte durée, réalisées entre particuliers par l'intermédiaire d'une plateforme Internet de mise en relation (Airbnb, HomeAway, etc.), doivent être déclarés et sont imposables en BIC dès le premier euro. Lors de chaque transaction, les plateformes doivent vous informer sur vos obligations fiscales et sociales. Elles doivent également vous adresser, au plus tard le 31 janvier, un récapitulatif du montant et du nombre de transactions réalisées l'année précédente par leur intermédiaire *(CGI, art. 242 bis)*. Par ailleurs, elles doivent communiquer à l'administration fiscale, dans le même délai, les revenus perçus par leurs utilisateurs, ainsi que le nombre de transactions effectuées. Ce montant figure désormais sur votre déclaration de revenus préremplie. Il vous appartient ensuite de déterminer le caractère imposable ou non de ces sommes. Le défaut d'information de l'utilisateur peut entraîner jusqu'à 50 000 € d'amende *(CGI, art. 1731 ter)*. Et le non-respect de l'obligation de transmission du récapitulatif annuel à l'utilisateur ou de déclaration à l'administration est sanctionné par une amende de 5 % des sommes non déclarées *(CGI, art. 1736, III)*.

Pour une étude complète du prélèvement à la source, reportez-vous à notre guide « Calcul et paiement de l'impôt sur le revenu », disponible sur notre site leparticulier.lefigaro.fr

Le calcul de l'acompte d'impôt

L'acompte est fixé d'après le taux de prélèvement à la source de votre foyer, ou votre taux individualisé sur option, appliqué à votre dernier bénéfice déclaré et soumis au barème progressif de l'impôt sur le revenu. Le résultat obtenu est ensuite divisé par douze pour déterminer le montant du prélèvement mensuel à opérer sur votre compte bancaire, ou par quatre si vous optez pour un paiement trimestriel.

> **L'option pour un paiement trimestriel** de l'acompte d'impôt s'effectue depuis votre espace personnel sur impots.gouv.fr, rubrique « Prélèvement à la source », puis « Trimestrialisez vos acomptes ». Elle doit être exercée avant le 1er octobre pour s'appliquer l'année suivante.

L'acompte est calculé à partir des années antérieures. L'acompte d'impôt à payer une année dépend du montant imposable de tous vos loyers de meublés de N-2 jusqu'en août, et de N-1 à partir de septembre. Ainsi, l'acompte prélevé de janvier à août 2021 a été calculé à partir de votre bénéfice imposable de 2019 (déclaré en 2020). Son montant sera actualisé en septembre 2021, d'après votre bénéfice imposable de 2020 (déclaré en 2021). Vous êtes donc imposé à la source en 2021 sur la base de vos bénéfices imposables des deux années passées, et non sur la base de l'année en cours, que l'administration ne connaîtra qu'en 2022.

L'assiette de l'acompte. C'est votre bénéfice net soumis au barème progressif de l'impôt qui est retenu, après déduction de l'abattement forfaitaire du micro-BIC, ou de vos charges réelles si vous relevez du régime réel d'imposition, et de vos éventuels reports déficitaires. Si votre bénéfice imposable fait l'objet de la majoration pour défaut d'adhésion à un centre ou une association de gestion agréée (voir p. 99), c'est le montant de votre bénéfice majoré qui est retenu. En revanche, les plus-values et moins-values (à court ou long terme) provenant des cessions de vos actifs professionnels immobilisés, les subventions d'équipement et les indemnités d'assurance reçues pour compenser la perte d'un élément d'actif, ne sont pas retenues dans l'assiette de l'acompte.

La prise en compte des déficits. L'acompte dû au titre d'une année étant calculé sur la base du montant net imposable de vos derniers bénéfices, si vous étiez en déficit les années précédentes, vous ne payez pas d'acompte d'impôt en 2021, car sa base de calcul est nulle. Peu importe que vous ne soyez plus déficitaire cette année. Mais vous pouvez alors opter pour le paiement spontané d'un acompte d'impôt, pour anticiper l'imposition de vos bénéfices ou revenus de l'année en cours (voir ci-après).

Vous démarrez votre activité en 2021

Si vous démarrez votre activité de loueur en meublé en 2021, vous ne verserez d'acomptes qu'à partir de septembre 2022. En effet, la première année durant laquelle vous percevez des loyers, vous ne payez pas d'acompte d'impôt car le fisc n'est pas en mesure d'en calculer le montant, à défaut de bénéfice de référence. Il y aura donc un décalage de plus d'un an entre les premiers loyers perçus et leur imposition.

Location meublée et SCI ne font pas bon ménage

Lorsqu'une société civile immobilière (SCI) soumise à l'impôt sur le revenu consent une location meublée, cela peut entraîner son assujettissement à l'impôt sur les sociétés (IS). En effet, la location meublée étant fiscalement une activité commerciale, la SCI peut voir le caractère civil de son activité remis en cause si la location meublée est habituelle *(CE,18.12.2012, n° 347607)*. Toutefois, la SCI n'est pas soumise à l'IS tant que ses recettes commerciales (les loyers des meublés) demeurent accessoires, c'est-à-dire qu'elles ne dépassent pas 10 % des recettes HT. En cas de dépassement occasionnel de ce seuil, la SCI n'est pas soumise à l'IS si la moyenne de ses rentrées commerciales réalisées au cours de l'année de franchissement et des trois précédentes n'excède pas 10 % du total de ses recettes HT sur la même période.

Par exception, la nature civile de l'activité n'est pas non plus remise en cause lorsque la SCI consent une location meublée à titre occasionnel et pour une courte durée *(CE,19.01.1983, n° 31906)*.

Pour anticiper cette échéance et éviter d'avoir à payer l'intégralité de ce que vous devez en fin d'année suivante, vous pouvez verser spontanément, dès le départ, des acomptes mensuels ou trimestriels. Ils seront répartis sur la durée restant à courir jusqu'à la fin de l'année civile. C'est une simple option et non une obligation.

> **L'acompte que vous choisissez de verser spontanément la première année d'activité** s'ajoute, le cas échéant, aux autres acomptes que vous acquittez déjà au titre de vos autres revenus qui y sont soumis.

Pour mettre en place un acompte spontané, connectez-vous à votre espace personnel sur le site impots.gouv.fr, rubrique « Prélèvement à la source », puis « Créer un acompte ».

Les formalités déclaratives

L'entrée en vigueur du prélèvement à la source ne vous dispense pas de remplir chaque année une déclaration de revenus annuelle, afin de calculer l'impôt définitif sur vos revenus de l'année précédente *(formulaire n° 2042 C PRO)*. Si vous êtes soumis au régime réel d'imposition, vous devez aussi remplir une déclaration n° 2031-SD et ses annexes.

Le régime micro-BIC

Les loyers provenant de vos locations meublées (saisonnières ou non) relèvent automatiquement du régime d'imposition simplifié « micro-BIC », lorsque leur montant global annuel ne dépasse pas 72 600 € ou 176 200 €, selon la nature de la location. Il consiste à calculer le montant imposable par application d'un abattement forfaitaire, sans tenir compte des charges que vous avez réellement supportées. Si vous y avez intérêt, vous pouvez l'écarter en optant pour le régime réel d'imposition.

Les recettes à ne pas dépasser

Le plafond de recettes à ne pas dépasser pour relever du micro-BIC dépend du type de location : les logements meublés loués à titre de résidence principale et certaines locations saisonnières sont soumis au plafond de 72 600 € ; les meublés de tourisme et les chambres d'hôtes relèvent d'un plafond majoré à 176 200 €. Lorsque des époux ou des partenaires de pacs imposés en commun louent des logements meublés dont ils sont personnellement propriétaires, le seuil du micro-BIC s'applique distinctement pour chacun. Notez que si vos recettes annuelles sont inférieures à 305 €, vous ne paierez aucun impôt.

Un plafond de 72 600 € ou 176 200 €

Le plafond annuel de loyers dont vous relevez pour bénéficier du micro-BIC dépend de la nature de la location.

+ Si vous louez plusieurs logements meublés relevant des deux plafonds, **le micro-BIC s'applique si** le total des loyers ne dépasse pas 176 200 € et si vos locations autres que meublés de tourisme et chambres d'hôtes ne vous procurent pas plus de 72 600 € de recettes.

Le plafond de 176 200 €. Il s'applique pour la location de logements classés « meublés de tourisme » et les chambres d'hôtes. En conséquence, les loueurs de gîtes ruraux labellisés Gîtes de France ou autres doivent être classés « meublés de tourisme » pour relever de ce plafond d'application du micro-BIC. Pour ce type de locations, vous bénéficiez d'un abattement forfaitaire pour charges de 71 %.

Le plafond de 176 200 € s'applique aussi pour les logements situés dans une résidence-services, lorsque vous rendez vous-même les services offerts aux locataires ou lorsqu'ils le sont par un mandataire en votre nom. Dans ce cas, en effet, l'activité est assimilable à de la parahôtellerie. En revanche, lorsque les prestations sont fournies par un tiers (l'exploitant de la résidence agissant pour son compte et non comme mandataire des propriétaires), c'est le plafond de 72 600 € qui reste applicable.
Le plafond de 72 600 €. Il s'applique aux locations meublées à usage de résidence principale ou temporaire du locataire, ainsi qu'aux locations saisonnières autres que celles visées ci-avant. Dans ce cadre, le micro-BIC donne droit à un abattement forfaitaire pour charges de 50 %.

Les recettes à prendre en compte

Les recettes brutes à prendre en compte pour apprécier le plafond d'application du micro-BIC dont vous relevez sont les loyers courus dans l'année et les charges éventuellement facturées au locataire.
En revanche, les recettes accessoires, telles que des subventions pour travaux, par exemple, ne doivent pas être retenues pour déterminer vos revenus (elles restent néanmoins imposables), pas plus que les recettes exceptionnelles, par exemple la plus-value résultant de la vente d'un logement loué, celle-ci étant imposée distinctement.

Le dépassement du plafond

Le micro-BIC s'applique de plein droit les deux premières années de location meublée, quel que soit le montant des loyers encaissés. La troisième année de location, les recettes perçues la première année doivent être ajustées en fonction de la date de démarrage de la location pour apprécier le respect des limites du régime micro-BIC. Cette limite n'a pas à être ajustée en cas de démarrage ou d'arrêt de l'activité en cours d'année si elle est saisonnière, ce qui est généralement le cas.
Par la suite, si vos loyers des deux années précédentes ont dépassé 72 600 € ou 176 200 €, vos loyers de l'année sont en principe soumis au régime réel d'imposition. Ainsi, si vos loyers de 2019 et 2020 ont dépassé le plafond du micro-BIC, vos locations de 2021 relèvent du régime réel. En revanche, si vos loyers de 2020 ont dépassé le

plafond mais que ceux de 2019 ne l'ont pas dépassé (ou inversement), vous restez soumis au micro-BIC pour l'imposition de vos loyers de 2021. En effet, vous êtes exclu du micro, au titre d'une année, uniquement si vos loyers bruts des deux années précédentes ont dépassé ses plafonds d'application.

Les modalités déclaratives

Dans le régime micro-BIC, vous devez déclarer vos recettes brutes de meublés (loyers et charges éventuellement facturées au locataire). En principe, tous les loyers courus dans l'année, même ceux non encaissés, doivent être déclarés. Mais le fisc admet que seules les recettes effectivement perçues au 31 décembre le sont, si vous appliquez la même méthode chaque année.

Les déclarations à remplir

La déclaration de vos loyers de meublés s'effectue sur la déclaration complémentaire n° 2042 C PRO. Sur votre déclaration en ligne, dans le cadre « Revenus », cochez la case « Revenus des locations non professionnelles ». Si vous êtes loueur en meublé professionnel (LMP ; voir p. 124), cochez la case « Revenus industriels et commerciaux professionnels ». L'écran correspondant vous sera présenté lors du remplissage de la déclaration en ligne.

Une déduction forfaitaire pour charges

Dans le régime micro, le fisc détermine votre revenu imposable en appliquant sur vos recettes déclarées un abattement forfaitaire, censé représenter l'ensemble des frais supportés dans l'année pour vos locations.

L'abattement est fixé à 71 % de vos recettes si vous louez des meublés de tourisme ou des chambres d'hôtes. Autrement dit, moins d'un tiers de vos loyers est alors taxé ! Pour vos autres locations meublées (saisonnières ou non), l'abattement du micro-BIC est de 50 %. Quelles que soient vos recettes, le montant minimum de l'abattement est de 305 €. C'est le fisc qui applique l'abattement sur vos loyers déclarés, ne le calculez pas vous-même. Inscrivez seulement vos recettes annuelles brutes sur votre déclaration.

L'abattement forfaitaire étant censé couvrir toutes vos charges, vous ne pouvez en déduire aucune pour son montant réel. Le micro-BIC exclut donc la possibilité de constater un déficit.
Mais vous pouvez, le cas échéant, tenir compte de vos déficits constatés les années antérieures, au cours desquelles vous releviez du régime réel d'imposition, s'ils sont encore reportables. Dans ce cas, le déficit en report s'impute sur les loyers de l'année, après déduction de l'abattement pour frais du micro-BIC.

L'option pour le régime réel

Si vous relevez du micro-BIC, vous pouvez y renoncer en optant pour le régime réel d'imposition. L'option est intéressante lorsque vos charges annuelles excèdent le montant de l'abattement de 71 % ou de 50 %. Le régime réel permet de tenir compte de vos charges réellement supportées dans l'année pour vos locations meublées. Surtout, il permet de déduire des loyers, chaque année, une fraction du prix de revient des biens loués, du mobilier et des gros travaux. Cela constitue des amortissements et déductions de charges à même de réduire les loyers imposables dans des proportions très importantes, voire de constater un déficit reportable sur les autres revenus du foyer, ou sur les loyers des meublés des années suivantes pour le surplus.

L'option doit être exercée par anticipation

L'option doit être exercée par courrier adressé à votre Centre des finances publiques avant le 1er février de l'année au titre de laquelle vous souhaitez relever du régime réel. Il aurait donc fallu l'exercer avant le 1er février 2021 pour que vos loyers de 2021 y soient soumis. Par exception, la première année de location, l'option peut être exercée jusqu'au dépôt de la première de résultats.
L'option est valable un an. Elle se reconduit ensuite tacitement, d'année en année, tant que vous ne la dénoncez pas. Pour revenir au micro-BIC, il suffit d'en informer l'administration fiscale, par courrier, avant le 1er février de l'année au cours de laquelle vous désirez écarter le régime réel (à condition de remplir toujours les conditions d'application du micro-BIC). Si vous dénoncez votre

option avant le 1er février 2022, vous relèverez du régime micro pour l'imposition des loyers de 2022.

Vous constatez une baisse de recettes. Si vos recettes vous placent habituellement dans le régime réel d'imposition, une baisse des loyers peut, une année donnée, entraîner l'application du micro-BIC. Pour rester soumis au régime réel, au titre de cette année-là, vous devrez exercer une option en ce sens avant le 1er février de l'année suivante. Par exemple, si vous relevez du régime réel au titre de 2020 et que vos recettes de 2021 vous placent dans le régime micro, vous devrez opter avant le 1er février 2022 pour l'application du régime réel d'imposition au titre de 2021.

Des obligations renforcées

Attention, l'option pour le régime réel d'imposition engendre des obligations comptables renforcées, similaires à celles des entreprises. Vous devez aussi déterminer vous-même votre revenu imposable en remplissant une déclaration de résultats n° 2031 et ses annexes, puis reporter le résultat sur la déclaration n° 2042 C PRO. Ces déclara-

Faut-il opter pour le statut de micro-entrepreneur ?

Un loueur professionnel dont les loyers ne dépassent pas les limites du micro-BIC peut choisir d'exercer son activité en tant que micro-entrepreneur. Il paye alors ses cotisations sociales (régime micro-social simplifié) et, sur option, son impôt sur le revenu (prélèvement forfaitaire libératoire) à la source, chaque mois ou trimestre par des versements calculés en pourcentage de ses revenus déclarés. Il n'y a donc aucun décalage entre la perception des revenus et le paiement des taxes, contrairement aux autres entrepreneurs individuels. Surtout, le micro-entrepreneur n'a rien à payer s'il n'encaisse aucun revenu. Ce statut peut se combiner avec celui de l'EIRL (entrepreneur individuel à responsabilité limitée) qui permet de protéger son patrimoine personnel. Mais il n'est certainement pas le plus adapté à l'activité de loueur professionnel, car il empêche de déduire les charges réellement supportées et d'amortir les biens loués.

tions doivent obligatoirement être déposées par voie électronique, dans les délais impartis aux professions indépendantes.
Ces obligations imposent généralement de faire appel à un expert-comptable, si vous n'avez pas les compétences requises. Cela engendre un coût supplémentaire, mais sa rémunération est déductible des loyers imposables.
Si vous êtes non professionnel, vous devez aussi vous inscrire au répertoire Sirene auprès du greffe du tribunal de commerce, en remplissant le formulaire de déclaration de début d'activité (P0i).
Les loueurs de chambres d'hôtes doivent aussi remplir une déclaration auprès de la mairie du lieu de situation du bien loué. Reportez ensuite votre numéro d'identification (n° SIRET) sur votre déclaration de revenus n° 2042 C PRO.

Le régime réel d'imposition

Si vos loyers annuels de meublés dépassent les limites d'application du micro-BIC, vous relevez obligatoirement du régime réel d'imposition. Il s'applique également, sur option de votre part, lorsque vous êtes soumis au régime micro.

Les recettes à déclarer

Dans le régime réel, vous devez déclarer tous vos loyers courus de l'année d'imposition, encaissés ou non. Contrairement au micro-BIC, vous ne pouvez pas tenir compte uniquement des loyers effectivement encaissés dans l'année. Vous devez aussi déclarer les

La fiscalité d'une location meublée en indivision

Situation courante, l'indivision peut s'avérer inconfortable du point de vue de la fiscalité en ce qui concerne la location meublée. Que l'indivision soit familiale (entre frères et sœurs, par exemple), entre concubins, ou entre amis, vous devez, dès le début de l'activité, adresser au greffe du tribunal de commerce du lieu de situation de l'immeuble un formulaire « FCMB » de déclaration d'exploitation en commun *(Cerfa n° 11924*01)*. Précisez bien qu'il s'agit d'une activité de location meublée exercée en indivision. Chaque indivisaire doit aussi s'identifier en remplissant un formulaire « P0i » de déclaration de début d'activité *(Cerfa n° 11921*05)*. Un seul des indivisaires sera le référent de l'administration fiscale.

Dans une location meublée en indivision, le régime micro-BIC ne s'applique pas. La location relève nécessairement du régime réel, avec toutes les contraintes et avantages qui en découlent. Chaque année, début mai, l'indivision (personne morale) devra remplir la déclaration n° 2031 et ses annexes. Puis, lors du dépôt de sa propre déclaration de revenus, chaque indivisaire devra ajouter sa quote-part du revenu de la location *(formulaire n° 2042 C PRO)*.

Par ailleurs, lorsque l'un des indivisaires rachète la part d'un autre, il n'y a pas d'impôt sur la plus-value.

charges locatives prévues au contrat (en principe, dans une location saisonnière, elles ont un caractère forfaitaire et définitif), les recettes accessoires ainsi que, le cas échéant, les produits exceptionnels (un dégrèvement d'impôt précédemment déduit du bénéfice imposable, par exemple).
En revanche, vous ne devez pas tenir compte de la plus-value dégagée par la vente d'un bien loué, celle-ci étant imposée distinctement.

Les charges déductibles

Deux types de charges peuvent être déduites : les dépenses réellement supportées dans le cadre de votre activité de loueur et certaines charges dites « calculées ».
Les dépenses réelles. Elles regroupent les dépenses de gestion courante de la location (achat, travaux, consommations, honoraires, contribution économique territoriale, etc.) et les frais liés à la propriété du bien loué (frais d'acquisition, intérêts d'emprunt, impôts fonciers, etc.).
Les charges « calculées ». Ce sont les sommes déductibles des loyers qui ne correspondent pas à des dépenses réellement engagées : amortissement du bien, des gros travaux et des meubles, provisions diverses.

Les loyers sont soumis aux prélèvements sociaux

Outre l'impôt sur le revenu, les loyers des meublés sont assujettis aux prélèvements sociaux (CSG, CRDS, prélèvements additionnels).
Si vous êtes redevable de cotisations sociales, vous êtes soumis à la CSG et à la CRDS au titre des revenus d'activité : soit 9,2 % de CSG (dont 6,8 % déductible) et 0,5 % de CRDS. Sinon, les prélèvements sociaux sont dus au titre des revenus du patrimoine, au taux global de 17,2 % (dont 6,8 % de CSG déductible). Les prélèvements dus par les loueurs non professionnels sont prélevés sous forme d'acomptes, en même temps que ceux de l'impôt sur le revenu. Leur montant définitif sera calculé par le fisc à partir de votre déclaration de revenus.

Leur déduction diffère selon que les logements loués sont conservés dans votre patrimoine privé (cas de la plupart des loueurs non professionnels) ou affectés à votre activité de location, c'est-à-dire inscrits à l'actif du bilan (cas de la plupart des loueurs professionnels).
Notez que, si vos recettes locatives de l'année précédente sont inférieures à 57 000 € HT (164 000 € HT pour les loueurs de meublés de tourisme ou de chambres d'hôtes), vous êtes dispensé de produire un bilan avec votre déclaration fiscale : c'est l'inscription des biens sur le tableau des immobilisations et des amortissements qui matérialise votre décision de les affecter à l'activité de location *(tableau n° 2033 B à joindre à la déclaration de résultats n° 2031-SD).*

La déduction des frais de gestion

L'inscription des biens loués à l'actif du bilan permet de déduire intégralement vos dépenses de gestion. Mais, en contrepartie, si vous vous réservez des périodes d'occupation dans le logement, vous devez déclarer en recettes imposables la valeur de l'avantage en nature correspondant, c'est-à-dire le montant des loyers que vous auriez pu obtenir durant ces périodes.
Si vous conservez les biens loués dans votre patrimoine privé, vous pouvez également déduire vos frais de gestion. Mais si vous conservez la jouissance du logement pendant certaines périodes, seules les dépenses de gestion directement liées à la location (les commissions versées à une agence de location, par exemple) sont intégralement déductibles. Vos autres frais de gestion (les frais d'assurance, notamment) ne le sont qu'au prorata de la durée de location effective.

Les impôts fonciers à votre charge (taxe d'enlèvement des ordures ménagères, taxe foncière) sont déductibles.

Parmi les dépenses de gestion déductibles figurent les achats (petits matériels d'une valeur inférieure à 500 € HT, fournitures, etc.), les dépenses d'entretien et de réparation (nettoyage, entretien des espaces verts, petits travaux), les primes d'assurance des biens loués, les honoraires versés à des tiers pour la gestion des biens loués (administrateur de biens, comptable), les dépenses de personnel (salaires et charges sociales), les frais de gestion courante (frais postaux, téléphone, etc.), les frais de procédure (honoraires d'avocat en cas de litige avec un locataire, par exemple), les cotisations sociales payées par les loueurs professionnels, le coût des consommations et services qui vous sont facturés (eau, énergie), etc.

Les frais de propriété peuvent être déduits

Vous pouvez déduire certains frais liés à la propriété des biens loués, dans les mêmes conditions que vos dépenses de gestion. Là encore, ils peuvent être déduits intégralement si vous les avez inscrits à l'actif de votre bilan, et au prorata de la durée de location si vous les conservez dans votre patrimoine privé.
Les dépenses déductibles sont, pour l'essentiel, les frais supportés pour acquérir les biens loués, tels que les frais de notaire, les commissions versées aux intermédiaires et le coût des crédits souscrits pour les financer (intérêts et frais d'emprunt compris).

Adhérer à un organisme de gestion agréé

Si vous relevez du régime réel, l'adhésion à un centre ou à une association de gestion agréés (CGA ou AGA) vous permet de bénéficier d'avantages fiscaux :
Une réduction d'impôt. Elle est égale aux deux tiers de vos frais de comptabilité, plafonnée à 915 €, si votre chiffre d'affaires ne dépasse pas les limites du régime micro-BIC ou du micro-BNC (les dépenses de comptabilité correspondantes ne sont pas déductibles en charges) ;
L'exemption de pénalités fiscales. C'est le cas si vous révélez spontanément les insuffisances de vos précédentes déclarations dans les 3 mois suivant votre adhésion ;
L'absence de majoration de 20 % de votre bénéfice imposable. Cette majoration est appliquée d'office par le fisc sur le bénéfice imposable des titulaires de BIC soumis au régime réel, qui ne sont pas adhérents d'un CGA ou d'une AGA ; la dispense de majoration profite aussi aux contribuables qui ne sont pas adhérents d'un CGA ou d'une AGA mais qui ont recours à un professionnel de l'expertise comptable autorisé et conventionné. La majoration de 20 % (25 % avant 2020) est réduite à 15 % pour l'imposition des bénéfices de 2021, puis à 10 % pour ceux de 2022, et supprimée à partir de 2023 *(Loi de finances 2021, art. 34)*.

L'amortissement du logement et des meubles

En plus des dépenses réelles, vous pouvez déduire des loyers des charges, dites « calculées », qui ne correspondent à aucune dépense réellement engagée. Il s'agit des provisions que vous pouvez être amené à constituer pour faire face à des pertes probables (une condamnation, un impayé, etc.), mais surtout, pour les locations saisonnières, de l'amortissement du coût du logement et des meubles le garnissant. Attention, ces charges « calculées » sont déductibles uniquement si vous avez inscrit les biens loués à l'actif du bilan. Si vous les conservez dans votre patrimoine privé, vous ne pouvez pas en tenir compte.

> + L'amortissement permet de **réduire le revenu imposable dans des proportions importantes**, et de minorer, voire d'effacer, l'imposition des loyers pendant de nombreuses années.

La possibilité d'amortir les biens et meubles loués est un avantage important de la location meublée sur la location nue qui, sauf exception, n'y ouvre pas droit. L'amortissement consiste à déduire des loyers imposables une somme équivalant à la dépréciation subie pendant l'année écoulée par le logement et par les meubles. Il prend la forme d'annuités déductibles étalées dans le temps, sur une durée qui dépend de la nature du bien.

Le taux d'amortissement dépend de la durée probable d'utilisation des biens. Pour les immeubles, vous pouvez déduire, chaque année, 2 % de la valeur d'acquisition du bien, soit un amortissement sur cinquante ans, durée généralement admise par le fisc.

En pratique, cependant, le calcul de l'amortissement peut s'avérer plus complexe, le fisc exigeant parfois que le loueur distingue les différents composants du bien loué (structure, toiture, ascenseur, menuiserie, plomberie, électricité, etc.). Il faudra alors appliquer à chacun un taux d'amortissement correspondant à sa durée probable d'utilisation (5 % pour ceux ayant une durée de vie de vingt ans, par exemple). C'est le cas, notamment, lorsque vous avez fait construire le logement loué.

Quant au mobilier, il est amortissable de manière linéaire sur une période comprise entre sept et dix ans, l'annuité déductible étant identique sur toute la période retenue.

Attention, en cas d'investissement en résidence meublée ouvrant droit à réduction d'impôt (voir p. 102), l'amortissement est calculé sur la seule fraction du prix du logement qui excède le montant retenu pour le calcul de la réduction d'impôt (soit 300 000 € au maximum). Un tel investissement n'est donc pas amortissable si son prix ne dépasse pas ce montant.

Le prix d'acquisition du terrain n'est pas amortissable. Seuls la construction et le mobilier peuvent être amortis. En revanche, la quote-part du prix d'acquisition relative à la valeur du terrain sur lequel est implantée la construction ne peut pas être déduite.

Vous devez donc opérer une ventilation du prix payé entre la valeur de l'immeuble et celle du terrain, pour calculer l'annuité d'amortissement déductible. À défaut d'indication précise dans les actes, vous pouvez vous référer au marché immobilier local pour en déterminer la proportion. La part relative au foncier (le terrain) augmente dans les zones où l'immobilier est cher (centres-villes, zones touristiques, etc.). Elle est souvent évaluée forfaitairement à 20 % du prix global à Paris et à 10 % en province.

L'amortissement déductible est fiscalement limité. L'annuité déductible de l'amortissement est prise en compte uniquement dans la limite des loyers, diminués des autres charges. La déduction de l'amortissement ne peut donc ni créer un déficit ni l'augmenter. Mais la fraction de l'amortissement non déductible du résultat d'une année sera reportée sur celui des années suivantes, dans les mêmes conditions et limites. Ce report joue tant que dure la location, sans limitation de temps. Ainsi, la quote-part d'amortissement représentative d'un déficit non déductible peut être provisionnée chaque année, aussi longtemps que nécessaire. Elle pourra être reportée sur les années bénéficiaires futures, tant que la location se poursuivra. Une solution qui permet de continuer à « effacer » ses revenus imposables, lorsque le déficit des premières années, issu des frais d'acquisition et du crédit, s'essouffle.

L'usufruitier d'un immeuble loué meublé peut amortir son droit d'usufruit viager (mais pas le bien lui-même), l'espérance de vie d'une personne pouvant être statistiquement déterminée *(Cour administrative d'appel de Nancy, 22.02.18, n° 17NC00780 ; RM JOAN 14.12.17, n° 1405)*. Par exemple, 5 % par an pendant 20 ans.

EXEMPLE

La prise en compte de l'amortissement

M. Lemoine est propriétaire d'un logement inscrit à l'actif de son bilan, acheté neuf 300 000 €. Il l'a garni de meubles pour 10 000 € :

- pour le logement, la valeur du terrain est estimée à 15 % du prix d'achat. La valeur amortissable de la construction est donc de 255 000 €. Sur cinquante ans, le taux d'amortissement est de 2 %. L'annuité déductible au titre du logement est de 5 100 € (soit 255 000 € x 2 %).

- pour le mobilier, la durée d'usage retenue est de sept ans. Le taux d'amortissement est de 14,3 %, l'annuité déductible s'élève à 1 430 €. L'amortissement annuel déductible est donc de 6 530 € (5 100 € au titre du logement + 1 430 €).

Si, une année, les loyers s'élèvent à 15 000 € et les charges à 18 000 €, le résultat est déficitaire de 3 000 € et aucun amortissement ne peut être déduit sur l'exercice. La totalité de l'annuité d'amortissement (6 530 €) est mise en réserve jusqu'à ce que l'activité devienne bénéficiaire. Si, l'année suivante, pour un même loyer, les charges tombent à 12 000 €, le résultat est bénéficiaire de 3 000 € et les amortissements peuvent être imputés à hauteur de ce montant. Le reliquat de l'annuité d'amortissement (3 530 €) est mis en réserve.

Une réduction d'impôt pour les loueurs non professionnels

Une réduction d'impôt, dite « LMNP » ou « Censi-Bouvard », est accordée aux particuliers qui acquièrent jusqu'au 31 décembre 2021 un logement neuf, en l'état futur d'achèvement (Vefa) ou un logement d'au moins quinze ans réhabilité ou rénové, dans une résidence avec services (résidence étudiante, pour personnes âgées...) en vue de sa location meublée. Seuls les loueurs non professionnels lors de l'acquisition sont éligibles. Mais l'investisseur peut devenir professionnel par la suite.

Le propriétaire doit s'engager à louer le bien meublé pendant au moins neuf ans à l'exploitant de la résidence. Les loyers qu'il perçoit sont imposés en BIC. La réduction d'impôt est de 11 % du prix de l'investissement, retenu dans la limite de 300 000 € par an.

>>>

>>>
Elle est répartie sur neuf années, à raison de 1/9 chaque année. L'éventuelle fraction de réduction annuelle qui n'a pu être imputée sur vos impôts une année est reportée sur les six années suivantes. Attention, lorsque le loueur relève du régime réel d'imposition, la fraction de son investissement ouvrant droit à la réduction d'impôt ne peut pas être amortie fiscalement. Par ailleurs, l'avantage fiscal entre en compte dans le calcul du plafonnement global des avantages fiscaux.

L'imputation des déficits

Si vous relevez du régime réel d'imposition, vous constatez un déficit lorsque vos charges déductibles sont supérieures à vos recettes déclarées.
Si vous êtes soumis au régime micro-BIC, vous ne pouvez pas générer de déficit, mais vous pouvez tenir compte de vos déficits antérieurs, enregistrés les années durant lesquelles vous releviez du régime réel. Ils peuvent être déduits de votre bénéfice imposable de l'année.

Vous êtes loueur non professionnel

Vous pouvez déduire les déficits issus de vos locations meublées uniquement des bénéfices des autres meublés non professionnels perçus par votre foyer fiscal la même année ou au cours des dix années suivantes. Peu importe le régime d'imposition de ces bénéfices (micro-BIC ou régime réel) ; le déficit en report s'impute sur leur montant net, c'est-à-dire après application de l'abattement pour frais du micro-BIC ou après déduction des charges admises dans le régime réel. La part du déficit non déduite dans ces conditions est définitivement perdue.

Les loueurs professionnels sont avantagés

Si vous êtes loueur professionnel, les déficits de vos meublés sont déductibles du revenu global imposable de votre foyer fiscal, sans limitation (y compris ceux constatés avant de commencer à louer). Si votre revenu global est insuffisant pour absorber le déficit de vos meublés, le reliquat, appelé déficit global, est imputable sur le revenu global imposable de votre foyer des six années suivantes.

LES AUTRES IMPÔTS ET TAXES

L'impôt sur la plus-value

Lorsque vous vendez un logement que vous donnez en location saisonnière, vous êtes susceptible de dégager une plus-value si le prix de vente s'avère supérieur au prix d'achat. Le régime d'imposition de cette plus-value dépend de votre statut.

Si vous êtes non professionnel, elle relève du régime des plus-values immobilières des particuliers. Elle subit alors 19 % d'impôt forfaitaire, plus 17,2 % de prélèvements sociaux, soit un taux global d'imposition de 36,2 %. Certains cas d'exonération permettent toutefois d'échapper à cette imposition. En outre, en dehors des cas d'exonération, la plus-value brute est diminuée d'un abattement lié à la durée de détention du bien. Cet abattement aboutit à une exonération totale d'impôt sur le revenu à partir de vingt-deux ans de détention, et de prélèvements sociaux au bout de trente ans. À l'inverse, la plus-value peut être soumise à une surtaxe si son montant dépasse 50 000 €.

Si vous êtes loueur professionnel (voir p. 130), vous relevez du régime des plus-values professionnelles en cas de vente d'un bien loué. Par exception, vous restez soumis au régime des plus-values des particuliers si vous vendez un bien non inscrit à l'actif de votre bilan.

> **+** La plus-value imposable étant soumise à 19 % d'impôt forfaitaire, elle ne relève pas du barème de l'impôt sur le revenu. Mais **vous devez l'indiquer dans votre déclaration de revenus** pour permettre au fisc de calculer votre revenu fiscal de référence.

Les cas d'exonération

Il existe peu de cas d'exonération de la plus-value pour la vente d'un bien destiné à la location saisonnière. Les deux principaux sont les suivants.

La première cession d'un bien autre que la résidence principale

Cette exonération s'applique aux plus-values réalisées depuis le 1er février 2012 par des personnes non-propriétaires de leur habitation principale, qui vendent un logement (bien locatif, résidence secondaire, etc.) pour financer l'achat ou la construction de leur résidence principale. Elles ne doivent pas avoir été propriétaires de leur résidence principale, directement ou via une société immobilière, dans les quatre ans précédant la vente. L'exonération est accordée sur demande du vendeur mentionnée dans l'acte notarié. Elle ne s'applique pas automatiquement à la première cession réalisée dans les conditions de l'exonération. Si vous avez plusieurs logements à vendre, vous pouvez choisir quelle cession en bénéficiera (stratégiquement celle susceptible de générer la plus grosse plus-value).

La vente doit financer l'achat de la résidence principale. L'exonération est définitivement accordée si le prix de vente est réinvesti dans les deux ans, en totalité ou en partie, dans l'achat ou la construction de votre résidence principale (délai majoré d'un ou deux ans si vous effectuez des travaux importants dans un logement ancien, ou en cas de transformation d'un local en logement).

L'éventuelle plus-value résiduelle doit être déclarée. Vous n'avez pas de plus-value à déclarer si vous réinvestissez la totalité du prix de cession dans l'achat de votre résidence principale. Si le remploi est partiel en revanche, la fraction imposable de plus-value est à déclarer. Au terme du délai de remploi, si vous avez utilisé une somme inférieure à celle indiquée dans l'acte de vente pour acheter votre résidence principale, vous devrez déposer une déclaration rectificative et payer un supplément. Si vous avez réinvesti une fraction supérieure du prix, vous demanderez au fisc de vous restituer l'impôt payé en trop.

> **+ La vente de l'ancienne résidence principale en France d'une personne qui s'expatrie** est exonérée si la signature de la cession intervient au plus tard le 31 décembre de l'année qui suit son départ à l'étranger et que le bien n'est pas occupé durant cette période.

L'exonération accordée aux retraités et personnes invalides

Si vous (ou votre conjoint) êtes retraité, bénéficiaire d'une pension de réversion, de la carte mobilité inclusion mention « invalidité » (ou de la carte d'invalidité), votre plus-value peut être exonérée si vous disposez de faibles ressources. Pour une vente en 2021, votre

> Assez rares en pratique, **les ventes d'un logement valant au plus 15 000 € ou liées à une expropriation pour cause d'utilité publique** (sous condition de remploi) sont également exonérées.

revenu fiscal de référence de 2019 ne doit pas dépasser 11 098 € pour une part de quotient familial, montant majoré de 2 963 € par demi-part supplémentaire. La situation de famille s'apprécie à la date de la cession.

En outre, vous ne devez pas avoir été redevable de l'impôt sur la fortune immobilière (IFI) au titre de l'avant-dernière année précédant celle de la vente.

Le calcul de la plus-value

La plus-value imposable est égale à la différence entre le prix de vente du bien et son prix d'achat, déterminés après application de divers correctifs. Elle est ensuite réduite d'un abattement pour durée de détention, lorsque le bien vendu est détenu depuis plus de cinq ans. La déclaration et le paiement de l'impôt sont effectués par le notaire lors de la vente.

Le prix de vente est minoré de certains frais

Le prix de vente à retenir est celui figurant sur l'acte notarié. Il doit être majoré, le cas échéant, des charges en capital et indemnités versées au vendeur. Toutefois, l'indemnité d'assurance perçue en cas de revente d'un bien sinistré (inondation, incendie, etc.) n'est pas à ajouter. Surtout, le prix doit être diminué des frais suivants, liés à la vente : commissions versées à un intermédiaire (agence immobilière, par exemple), certifications et diagnostics obligatoires (performance énergétique, termites, amiante, etc.), frais de mainlevée d'hypothèque, honoraires d'architecte, indemnité d'éviction versée au locataire (hypothèse rare s'agissant d'une location saisonnière), et TVA reversée au fisc si la vente y est soumise. La valeur du mobilier que vous laissez dans le logement (une cuisine équipée, par exemple) peut également être déduite du prix de vente, si la présence et la valeur de ces biens peuvent être justifiées lors de la vente (factures, inventaire par un commissaire-priseur, etc.).

Si vous avez fait l'objet d'une expropriation, le prix de vente correspond à l'indemnité reçue en contrepartie, déduction faite des sommes destinées à compenser un préjudice éventuel.

Le prix d'acquisition tient compte des travaux

Le prix d'acquisition à retenir pour calculer la plus-value imposable correspond au prix payé lors de l'achat du bien et inscrit dans l'acte de vente. Si vous avez reçu le bien par donation ou succession, il faut retenir la valeur ayant servi à calculer des droits de mutation payés au fisc.

Le prix d'acquisition est majoré de certains frais. L'ajout de ces frais a pour effet de minorer la plus-value imposable. Les intérêts de l'emprunt contracté pour acheter le bien ou financer des réparations ne sont pas pris en compte.

Si vous pouvez les justifier, majorez-le prix des frais suivants : droits d'enregistrement, TVA, honoraires du notaire, commissions des intermédiaires. Sinon, ou si cela est plus avantageux, vous pouvez les évaluer forfaitairement à 7,5 % du prix d'achat.

Certains travaux majorent le prix d'acquisition. Si vous cédez un immeuble bâti plus de cinq ans après son achat, vous pouvez majorer forfaitairement son prix d'achat de 15 % pour dépenses de travaux, sans justificatifs, même si vous n'avez pas fait réaliser de travaux. Si vous pouvez justifier de travaux supérieurs au forfait, vous avez intérêt à retenir vos dépenses réelles. Seuls les frais de construction, reconstruction, agrandissement et amélioration réalisés sur le bien vendu majorent son prix d'achat. Pour un logement en copropriété, vous pouvez aussi tenir compte des travaux sur les parties communes de l'immeuble.

> **En cas de vente d'un logement plus de cinq ans après son achat**, vous avez intérêt à choisir le forfait travaux si vous ne pouvez pas justifier de dépenses supérieures à 15 % du prix d'acquisition ou si vous n'avez pas réalisé de travaux.

Si vous vendez un bien moins de cinq ans après son acquisition, vous devez évaluer vos travaux pour leur montant réel, le forfait travaux de 15 % ne s'applique pas. Dans ce cas, les simples travaux d'entretien et de réparation (des travaux de peinture, par exemple) ne sont pas retenus. En outre, les travaux doivent avoir été exécutés par une entreprise. Ceux que vous avez réalisés vous-même ne sont pas pris en compte, ni le coût des matériaux que vous avez achetés personnellement, même s'ils ont été installés ensuite par une entreprise *(C. d'État, 12.10.18, n° 419294 et 421677)*.

L'abattement pour durée de détention

Un abattement lié à la durée de détention du bien vendu est pratiqué sur la plus-value imposable. Il s'applique aux biens détenus depuis au moins six ans et permet d'être exonéré d'impôt sur le revenu, au taux de 19 %, au bout de vingt-deux ans (voir le tableau p. 111). Pour les prélèvements sociaux (CSG, CRDS, etc.), taxés à 17,2 %, l'exonération est totale au bout de 30 ans.

Par exemple, la plus-value liée à la vente d'un logement acquis il y a dix-huit ans bénéficie d'un abattement de 78 % pour le calcul de l'impôt sur le revenu, et de 21,45 % pour le calcul des prélèvements sociaux.

La durée de détention est décomptée par périodes de douze mois, de la date d'acquisition à celle de la cession. Les fractions d'années incomplètes ne sont pas prises en compte : si vous détenez un bien depuis dix ans et six mois lors de la vente, seules dix années sont retenues. La détention débute en principe à la date de signature chez le notaire. En cas d'acquisition sous condition suspensive, sa durée est décomptée à partir du jour où la condition s'est réalisée. Si le logement vendu a été acquis en l'état futur d'achèvement (Vefa), la date d'acquisition est celle de conclusion du contrat.

Abattement pour durée de détention

DURÉE DE DÉTENTION	FRACTION IMPOSABLE DE LA PLUS-VALUE	
	IMPÔT SUR LE REVENU (19 %)	PRÉLÈVEMENTS SOCIAUX (17,2 %)
Moins de 6 ans	100 %	100 %
De 6 à 7 ans	94 %	98,35 %
De 7 à 8 ans	88 %	96,70 %
De 8 à 9 ans	82 %	95,05 %
De 9 à 10 ans	76 %	93,40 %
De 10 à 11 ans	70 %	91,75 %
De 11 à 12 ans	64 %	90,10 %
De 12 à 13 ans	58 %	88,45 %
De 13 à 14 ans	52 %	86,80 %

DURÉE DE DÉTENTION	FRACTION IMPOSABLE DE LA PLUS-VALUE	
	IMPÔT SUR LE REVENU (19 %)	PRÉLÈVEMENTS SOCIAUX (17,2 %)
De 14 à 15 ans	46 %	85,15 %
De 15 à 16 ans	40 %	83,50 %
De 16 à 17 ans	34 %	81,85 %
De 17 à 18 ans	28 %	80,20 %
De 18 à 19 ans	22 %	78,55 %
De 19 à 20 ans	16 %	76,90 %
De 20 à 21 ans	10 %	75,25 %
De 21 à 22 ans	4 %	73,60 %
De 22 à 23 ans	0 %	72 %
De 23 à 24 ans	0 %	63 %
De 24 à 25 ans	0 %	54%
De 25 à 26 ans	0 %	45 %
De 26 à 27 ans	0 %	36 %
De 27 à 28 ans	0 %	27 %
De 28 à 29 ans	0 %	18 %
De 29 à 30 ans	0 %	9 %
Plus de 30 ans	0 %	0 %

Le taux d'imposition forfaitaire

Après application des différents correctifs sur les prix de vente et d'achat, la plus-value imposable est soumise à l'impôt sur le revenu au taux forfaitaire de 19 %, auquel s'ajoutent 17,2 % de prélèvements sociaux. En outre, si son montant excède 50 000 €, elle est soumise à une surtaxe.

La plus-value est déclarée par le notaire rédacteur de l'acte de vente, sur l'imprimé n° 2048 IMM-SD, que vous devez signer. Le paiement de l'impôt est effectué lors de la vente, directement par le notaire. Vous devez aussi reporter le montant de la plus-value dans votre déclaration de revenus *(case 3VZ de la déclaration n° 2042 C)*, pour le calcul de votre revenu fiscal de référence (RFR).

Un taux global d'imposition de 36,2 %

L'impôt forfaitaire sur la plus-value imposable est fixé à 19 % et celui des prélèvements sociaux (CSG, CRDS, etc.) à 17,2 %, soit un taux d'imposition global de 36,2 %. En pratique, ce taux reflète rarement le véritable taux de taxation, du fait de l'abattement applicable à partir de six ans de détention du bien.

Prenons l'exemple de la vente d'un logement acquis dix-huit ans auparavant, dégageant une plus-value imposable de 40 000 €. Au final, après application de l'abattement pour détention, le vendeur sera redevable de 1 672 € d'impôt sur le revenu et de 5 404 € de prélèvements sociaux, soit une taxation globale de 7 076 €. Le taux global d'imposition est de 17,69 % dans ce cas (7 076 € / 40 000 €).

Une surtaxe pour les plus-values importantes

Les ventes générant plus de 50 000 € de plus-value imposable sont soumises à une taxation supplémentaire. Celles exonérées d'impôt ne sont pas concernées par la surtaxe. Lorsque la vente porte sur un bien appartenant à plusieurs personnes, l'appréciation du seuil de 50 000 € et le calcul de la taxe s'effectuent d'après la quote-part détenue par chacun (indivisaires, concubins, partenaires de pacs). Il en va de même pour un couple marié qui cède un bien de communauté : si la vente génère une plus-value imposable de 90 000 € par exemple, la surtaxe n'est pas due (90 000 € / 2 = 45 000 €).

Le sort des moins-values

Pour calculer la plus-value, chaque cession immobilière est considérée individuellement. Vous ne pouvez pas imputer la moins-value résultant d'une opération sur la plus-value constatée lors d'une autre, même si les deux cessions surviennent la même année. L'administration fiscale admet cette compensation en cas de cession en bloc d'un immeuble acquis par fractions successives, si la vente est constatée par le même acte et entre les mêmes personnes. Il faut alors calculer les plus-values et les moins-values pour chaque fraction acquise. Vous pouvez imputer les moins-values partielles, diminuées de l'abattement pour durée de détention, sur les plus-values partielles diminuées du même abattement. Si le résultat obtenu est négatif, la moins-value est définitive. Elle ne pourra pas être déduite de vos plus-values réalisées ultérieurement.

Le taux de la surtaxe est fixé selon un barème progressif (jusqu'à 6 % au-delà de 260 000 € de plus-value imposable). Lorsqu'elle est due, la surtaxe est payée lors de la signature de l'acte chez le notaire, par prélèvement sur le prix de vente.

Barème de calcul de la surtaxe

PLUS-VALUE IMPOSABLE (PV)	TAUX DE LA SURTAXE
> 50 000 € et ≤ 60 000 €	(PV x 2 %) - [(60 000 - PV) x 5 %]
> 60 000 € et ≤ 100 000 €	PV x 2 %
> 100 000 € et ≤ 110 000 €	(PV x 3 %) - [(110 000 - PV) x 10 %]
> 110 000 € et ≤ 150 000 €	PV x 3 %
> 150 000 € et ≤ 160 000 €	(PV x 4 %) - [(160 000 - PV) x 15 %]
> 160 000 € et ≤ 200 000 €	PV x 4 %
> 200 000 € et ≤ 210 000 €	(PV x 5 %) - [(210 000 - PV) x 20 %]
> 210 000 € et ≤ 250 000 €	PV x 5 %
> 250 000 € et ≤ 260 000 €	(PV x 6 %) - [(260 000 - PV) x 25 %]
> 260 000 €	PV x 6 %

Les impôts locaux

Taxe foncière, taxe d'habitation, contribution économique territoriale (CET) ou taxe de séjour, les loueurs en meublé sont assujettis à divers impôts, prélevés au profit des collectivités territoriales.

La taxe foncière

Le propriétaire d'un logement loué meublé est redevable de la taxe foncière sur les propriétés bâties, même s'il s'agit d'une location saisonnière. La taxe est établie pour l'année entière, d'après la situation du logement au 1er janvier de l'année d'imposition.

Un calcul complexe

La base d'imposition de la taxe foncière est constituée par la valeur locative cadastrale (ou revenu cadastral), diminuée d'un abattement forfaitaire pour frais de 50 %. Ces frais couvrent les dépenses d'entretien, d'assurance, d'amortissement et de gestion du bien *(CGI, art. 1388)*. Le montant de la taxe foncière est calculé en multipliant le revenu cadastral par les taux fixés par les collectivités territoriales (commune, département, région).
La valeur locative du logement correspond au loyer théorique qu'il pourrait procurer s'il était loué à l'année. Elle est établie en tenant compte, notamment, du marché locatif de la commune, de la surface du logement, de son degré de confort, de son équipement, de son état d'entretien et de son environnement. Elle est mise à jour chaque année en considérant les changements qui affectent le logement et la revalorisation des évaluations. La taxe foncière est perçue par voie de rôle. Dans chaque commune où il est imposable, le propriétaire reçoit un avis d'imposition indiquant le montant à payer et la date limite de paiement.

Le loueur peut bénéficier d'une exonération

Plusieurs cas d'exonérations de taxe foncière peuvent profiter aux loueurs en meublé.
Les personnes âgées ou invalides de condition modeste. Si vous louez en meublé une partie de votre résidence principale, vous pouvez être exonéré de taxe foncière pour la partie que vous occupez, à

condition que les locaux donnés en location aient fait l'objet d'une évaluation distincte *(BOI-IF-TFB-10-55-10, § 150)*. L'exonération est accordée, sous condition de ressources, aux redevables âgés de plus de 75 ans au 1er janvier de l'année d'imposition, ainsi qu'aux titulaires de l'allocation aux adultes handicapés (AAH). Elle bénéficie aussi, sans condition de ressources, aux bénéficiaires de l'allocation de solidarité aux personnes âgées (Aspa) ou de l'allocation supplémentaire d'invalidité (ASI).
Dans tous les cas, vous devez habiter seul ou avec votre conjoint, ou avec des personnes qui sont à votre charge pour le calcul de l'impôt sur le revenu, ou avec des personnes titulaires de l'Aspa ou de l'ASI, ou dont les ressources sont limitées.

Les constructions nouvelles. Elles sont exonérées de taxe foncière pendant deux ans à compter du 1er janvier qui suit la date d'achèvement. Il en va de même pour les travaux de reconstruction et les agrandissements. L'exonération est en principe totale, mais la commune (ou le groupement de communes) peut décider, pour la part de taxe lui revenant, de la supprimer totalement ou partiellement. Pour bénéficier de l'exonération, vous devez adresser une déclaration aux services fiscaux dans les 90 jours qui suivent l'achèvement de la construction.

Les chambres d'hôtes et meublés de tourisme. Les collectivités peuvent décider d'exonérer de taxe foncière, pour la part leur reve-

Les taxes annexes à la taxe foncière

Les propriétaires de logements meublés sont aussi redevables de la taxe d'enlèvement des ordures ménagères, destinée aux services collectifs qui s'en occupent. Elle apparaît sur le même avis d'imposition que la taxe foncière. Une redevance d'enlèvement des ordures ménagères peut lui être substituée par les collectivités locales. Par ailleurs, une taxe de balayage peut aussi être instituée, afin de couvrir les frais de nettoyage des voies publiques. Son taux est fixé en conseil municipal et approuvé par arrêté préfectoral. Il s'agit d'un tarif forfaitaire au mètre carré ou au mètre linéaire.

Seuls les gîtes ruraux classés meublés de tourisme peuvent bénéficier de l'exonération de taxe foncière et de taxe d'habitation.

nant, les locaux classés meublés de tourisme et les chambres d'hôtes situés dans les zones de revitalisation rurale (ZRR).

Les logements économes en énergie. Pour encourager certains travaux d'économie d'énergie, les collectivités locales peuvent instaurer une exonération de taxe foncière pendant trois ou cinq ans (chacune pour la part de taxe qui lui revient). Selon le choix de la collectivité, l'exonération porte sur la moitié ou la totalité de la taxe. Elle s'applique aux logements achevés avant 1989 pour lesquels vous avez engagé des dépenses d'équipement ouvrant droit au crédit d'impôt sur le revenu pour la transition énergétique.
Une exonération temporaire de cinq ans est également susceptible de s'appliquer aux logements neufs achevés depuis 2009 titulaires du label « bâtiment basse consommation énergétique, BBC 2005 » et dont le niveau de performance énergétique est supérieur aux normes en vigueur (elle s'applique alors après celle de deux ans accordée aux constructions neuves).

La taxe d'habitation

Alors que la taxe foncière pèse sur le propriétaire, la taxe d'habitation est due par la personne (propriétaire, locataire ou personne hébergée) qui dispose du logement au 1er janvier de l'année d'imposition. Autrement dit, pour une location saisonnière, l'occupation étant simplement temporaire, le locataire n'est pas redevable de la taxe d'habitation. C'est au propriétaire de l'acquitter. Il n'en va autrement que si, ayant confié la gestion de ses biens à une agence immobilière, le propriétaire se voit interdire d'occuper lui-même le logement hors saison.
Toutefois, en tant que propriétaire, si vous louez en meublé saisonnier un logement qui n'est pas votre habitation personnelle (principale ou secondaire) et qui est spécialement aménagé pour la location, vous êtes redevable de la cotisation foncière des entreprises (CFE) et non de la taxe d'habitation. Vous êtes imposable à

la taxe d'habitation uniquement si la location meublée fait partie de votre habitation personnelle. Par habitation personnelle, on entend l'habitation, principale ou secondaire, dont vous vous réservez la disposition en dehors de la période de location, cette condition étant appréciée au 1er janvier de l'année d'imposition.

Les collectivités locales peuvent exonérer de taxe d'habitation, chacune pour la part leur revenant, les logements classés meublés de tourisme et les chambres d'hôtes situés dans les zones de revitalisation rurale (ZRR).

> **+** Le locataire d'un logement meublé est personnellement assujetti à la taxe d'habitation, dès lors qu'il en **dispose de façon permanente et exclusive**. Ce qui n'est pas le cas pour une location saisonnière.

Une surtaxe dans certaines zones. Dans les zones dites « tendues » du territoire, caractérisées par un déséquilibre important entre l'offre et la demande, les maires peuvent instaurer une surtaxe d'habitation sur les locations saisonnières *(CGI, article 1407 ter)*. À l'instar de Paris, de nombreuses villes ont voté cette majoration dont le taux peut être compris entre 5 % et 60 %. La surtaxe s'applique même si le logement est détenu par une personne morale, notamment par une SCI *(Rép. min. n° 19724, JOAN du 8.09.2020)*.

La contribution économique territoriale

La location meublée étant par nature une activité professionnelle, les loueurs en meublé sont, en principe, redevables de la contribution économique territoriale (CET, ex-taxe professionnelle), quels que soient leur statut (professionnel ou non) et le montant de leurs revenus locatifs.

La CET se compose de la cotisation foncière des entreprises (CFE) et de la cotisation sur la valeur ajoutée des entreprises (CVAE), pour les redevables dont le chiffre d'affaires excède une certaine limite.

L'activité est imposable au nom de la personne qui fournit la prestation d'hébergement, c'est-à-dire, en principe, le propriétaire du logement. Pour les loueurs saisonniers, il existe plusieurs cas d'exonérations, en faveur des propriétaires qui louent leur habitation personnelle dans certaines conditions.

La loi prévoit plusieurs cas d'exonérations

Sont exonérées les personnes qui louent ou sous-louent en meublé tout ou une partie de leur habitation personnelle (résidence principale ou secondaire dont le propriétaire se réserve la jouissance en dehors des périodes de location), dans les conditions suivantes *(art. 1459 du CGI)* :

- personnes qui louent occasionnellement en meublé (sans caractère périodique) une partie de leur habitation personnelle ;
- personnes qui louent des locaux faisant partie de leur habitation personnelle et classés « Meublés de tourisme » ;
- personnes autres que celles visées ci-dessus qui louent ou sous-louent en meublé tout ou partie de leur habitation personnelle, par exemple les propriétaires qui donnent en location leur résidence secondaire quelques semaines par an et ceux qui louent des chambres d'hôtes dépendant de leur résidence personnelle.

L'exonération de la contribution est de droit. Toutefois, les collectivités territoriales et leurs groupements dotés d'une fiscalité propre peuvent s'opposer à l'exonération visée dans les deux derniers cas. La décision de la collectivité ne porte que sur la part de contribution qui lui revient.

La contribution est due par le propriétaire

La CET est due pour l'année entière par le propriétaire (ou l'exploitant) au 1er janvier.

La cotisation foncière des entreprises (CFE) a pour base d'imposition la valeur locative des locaux, telle qu'elle est prise en compte pour la taxe foncière sur les propriétés bâties (sans l'abattement de 50 %). L'impôt est ensuite calculé en multipliant cette base par les taux d'imposition fixés au profit des collectivités locales et de leurs groupements. Ces taux varient d'une collectivité à l'autre. Tous les redevables de la CFE sont, en principe, assujettis à une cotisation minimale.

Quant à la cotisation sur la valeur ajoutée des entreprises (CVAE), elle est en réalité rarement due par les loueurs saisonniers. En effet, elle est calculée sur la valeur ajoutée produite, lorsque les recettes brutes annuelles excèdent 152 500 €. Mais l'application des dégrèvements conduit en réalité à ne soumettre à cette contribution que ceux dont le chiffre d'affaires annuel dépasse 500 000 €.

Le plafonnement de la CET

Afin de limiter le poids de la contribution, son montant est plafonné à 2 % de la valeur ajoutée produite au cours de l'année d'imposition. Cette valeur ajoutée correspond au montant des loyers perçus au cours de l'année, diminué des consommations de biens et de services (travaux, frais de gestion, etc.). Le plafonnement consiste en un dégrèvement de taxe égal à la différence entre la cotisation normalement due au titre de l'année et un montant de cotisation plafonné. Il ne joue pas si le propriétaire est redevable de la cotisation minimale de CFE.

La taxe de séjour

Certaines communes touristiques ont la faculté d'instaurer une taxe de séjour ou une taxe de séjour forfaitaire. Elle est susceptible de s'appliquer en cas de location saisonnière (meublés de tourisme, chambres d'hôtes…). Son montant est proportionnel à la durée du séjour et au nombre d'occupants du logement. Les enfants mineurs en sont exemptés. La taxe est perçue par le loueur auprès de son locataire puis reversée à la commune.

+ Si vous louez par le biais d'une plateforme de réservation type Airbnb, **vous n'avez, en tant que propriétaire, aucune démarche à effectuer** ni pour la collecte ni pour le versement ou la déclaration de la taxe. Ces plateformes sont responsables de la collecte et du reversement de la taxe de séjour.

Seules certaines communes sont concernées

Seules les communes touristiques ou thermales suivantes peuvent instaurer une taxe de séjour *(art. L 2333-26 du Code général des collectivités territoriales - CGCT)* :

- les communes touristiques et les stations classées ;
- les communes littorales au sens de l'article L 321-2 du Code de l'environnement ;
- les communes de montagne au sens de la loi n° 85-30 du 9 janvier 1985, relative au développement et à la protection de la montagne ;
- les communes qui réalisent des actions de promotion en faveur du tourisme et celles qui effectuent des actions de protection et de gestion de leurs espaces naturels.

Le tarif de la taxe est arrêté par délibération du conseil municipal. Depuis le 1er janvier 2020, les taux sont les suivants *(art. L 2333-30 du CGCT)* :

- pour les logements classés, la taxe est déterminée en euros par nuit et par personne. Son montant varie de 0,20 € à 4 €, selon le confort et le standing du logement ;
- pour les meublés non classés (ou en attente de classement), les municipalités fixent un taux compris entre 1 % et 5 % du prix de la nuit par personne.

Ce tarif peut être augmenté d'une taxe additionnelle par le département (10 %) ou la région. Par exemple, la région Île-de-France a instauré une taxe supplémentaire « Grand Paris » de 15 %. Lorsque la commune a opté pour une taxe de séjour forfaitaire, son montant est fixé selon le même barème que la taxe de séjour, mais les tarifs sont exprimés en nuitée et par unité de capacité d'accueil.
Le produit de la taxe est affecté aux dépenses destinées à favoriser la fréquentation touristique de la commune. Pour connaître le montant de la taxe de séjour d'une commune, consultez le site officiel : taxesejour.impots.gouv.fr.

Seuls les non-résidents sont redevables

La taxe de séjour ou la taxe de séjour forfaitaire est due par les personnes non domiciliées dans la commune et qui n'y possèdent pas de résidence pour laquelle elles seraient passibles de la taxe d'habitation : le redevable de la taxe est donc le locataire occasionnel.
Certaines personnes en sont cependant exemptées : les jeunes âgés de moins de 18 ans, les salariés titulaires d'un contrat de travail saisonnier employés dans la commune, les personnes bénéficiant d'un hébergement d'urgence ou d'un relogement temporaire, ainsi que celles qui occupent des locaux gérés par des associations dont le loyer est inférieur à un montant fixé par le conseil municipal.

La taxe sur la valeur ajoutée

Les locations occasionnelles, permanentes ou saisonnières de logements meublés à usage d'habitation sont, en principe, exonérées de TVA. Mais il existe des exceptions.

Les loyers soumis à la TVA

Certaines prestations de mise à disposition de locaux meublés, effectuées dans des conditions proches de celles de l'hôtellerie, sont assujetties à la TVA *(art. 261 D, 4 du CGI)*. C'est le cas, notamment, lorsque le loueur offre, en plus de l'hébergement, au moins trois des quatre prestations hôtelières suivantes :

- le petit déjeuner (servi en chambre ou en salle à manger et non dans un local extérieur) ;
- le ménage régulier du logement ;
- la fourniture du linge de maison ;
- la réception des résidents par du personnel ou par un système électronique.

Peuvent être imposés sur ce fondement, notamment, les loyers d'un logement meublé situé dans une maison de retraite ou dans une résidence pour étudiants, ceux des chambres d'hôtes et, plus généralement, des maisons ou appartements loués meublés assortis des prestations visées ci-dessus. Sont également assujetties à la TVA les prestations d'hébergement fournies soit dans les résidences de tourisme classées lorsqu'elles sont louées par un contrat d'une durée d'au moins neuf ans à un exploitant professionnel, soit dans les villages résidentiels de tourisme, lorsque ceux-ci sont destinés à l'hébergement des touristes.
Cette liste est limitative. Les locations de logements meublés qui ne peuvent être rattachées à aucun des cas ci-dessus sont obligatoirement exonérées de TVA, sans possibilité d'opter pour son assujettissement. En pratique, les loueurs assujettis à la TVA dont les recettes annuelles ne dépassent pas 85 800 € bénéficient de plein droit d'une dispense de reversement de la TVA qu'ils encaissent, grâce au mécanisme de la franchise en base de TVA (art. 293 B du CGI). Ils peuvent toutefois renoncer à cette franchise, s'ils y ont intérêt, en optant expressément pour le paiement de la TVA.

Lorsqu'elles y sont assujetties, c'est le taux intermédiaire de TVA de 10 % qui s'applique aux locations meublées.

La déduction de la TVA d'acquisition

Les loueurs en meublé soumis à la TVA peuvent déduire de la taxe grevant leurs loyers (à reverser au Trésor) celle payée sur leurs acquisitions de biens et services, lorsqu'ils ne profitent pas de la franchise en base. Les obligations déclaratives et comptables sont les mêmes que celles des autres assujettis à la TVA. Pour les particuliers investissant dans une résidence meublée (résidence de tourisme ou résidence-services), cette règle permet de récupérer la TVA supportée sur le prix du logement acheté neuf.
Cette récupération intervient généralement dès l'acquisition, par remise sur le prix d'achat consenti par le constructeur de la résidence. Attention, si le bien n'est pas exploité durant vingt ans, une partie de la TVA remboursée devra être restituée au fisc, sauf exception. En outre, pour pouvoir récupérer la TVA d'acquisition, le loueur dont les loyers sont inférieurs à l'ancien plafond du micro-BIC (soit 85 800 €) doit expressément renoncer à la franchise de TVA accordée de plein droit en deçà de ce seuil, ainsi qu'au bénéfice du régime micro-BIC pour l'imposition de ses loyers.

LE LOUEUR EN MEUBLÉ PROFESSIONNEL

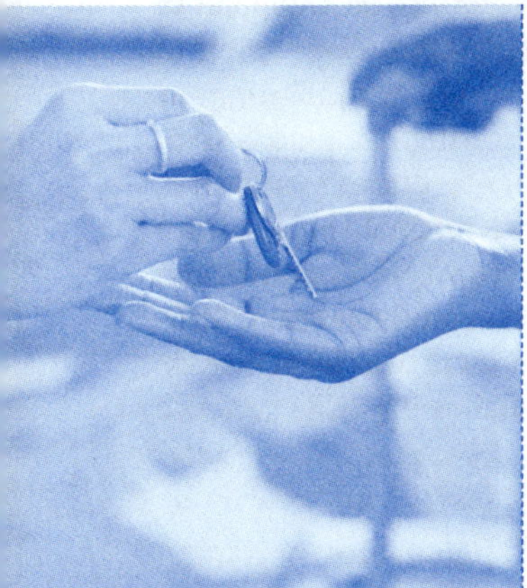

La définition du loueur professionnel

L'activité de loueur en meublé peut être exercée à titre professionnel (LMP) ou non professionnel (LMNP). Dans tous les cas, les loyers relèvent de la catégorie des bénéfices industriels et commerciaux (BIC) et sont soumis aux mêmes régimes d'imposition. Mais le loueur professionnel bénéficie d'avantages fiscaux spécifiques dont ne profite pas le non-professionnel, les loyers qu'il perçoit étant considérés comme des revenus professionnels : s'il relève du régime réel d'imposition, il peut imputer ses déficits sur ses autres revenus imposables sans limitation ; il est plus largement exonéré d'impôt sur la plus-value en cas de revente d'un bien ; sous conditions, ses biens loués échappent à l'impôt sur la fortune immobilière (IFI) ; il bénéficie d'une fiscalité allégée pour la transmission de son patrimoine locatif.
Très avantageux fiscalement, le statut de LMP impose toutefois de respecter l'ensemble des obligations qui incombent aux entrepreneurs individuels, notamment en matière de formalités administratives, comptables et fiscales. Ainsi, le loueur professionnel est assujetti au paiement des cotisations sociales (voir l'encadré p. 125). Il est aussi soumis à la CSG et à la CRDS au titre des revenus d'activité, au taux global de 9,7 % (9,2 % de CSG et 0,5 % de CRDS), au vu des déclarations adressées à l'Urssaf. La CSG est déductible directement des bénéfices qui la supportent pour le calcul de l'impôt sur le revenu, à hauteur de 6,8 %.

Les conditions pour être professionnel

Pour être loueur en meublé professionnel, vous devez remplir simultanément les deux conditions suivantes, appréciées au niveau du foyer fiscal *(art. 155-IV du CGI)* :

- les loyers de vos meublés doivent dépasser 23 000 € par an ;
- ils doivent être supérieurs aux autres revenus professionnels imposables de votre foyer.

Ces conditions s'apprécient au niveau du foyer fiscal. Ainsi, l'ensemble des locations meublées d'un même foyer relève du même statut, professionnel ou non professionnel. Cela étant, le montant imposable des recettes réalisées par chacun de ses membres reste déterminé distinctement, en fonction de son propre régime fiscal (micro-entrepreneur, micro-BIC ou régime réel). A contrario, un loueur qui ne remplit pas l'une de ces deux conditions est nécessairement considéré comme non professionnel.

Notez que seuls les loueurs en meublé professionnels peuvent opter pour le statut de micro-entrepreneur (anciennement auto-entrepreneur). Mais, en pratique, ce régime présente peu d'intérêt fiscal, car il empêche de déduire les charges réellement supportées et d'amortir les biens loués.

+ **Il n'est plus nécessaire d'être inscrit au registre du commerce et des sociétés (RCS)** en qualité de loueur pour être loueur en meublé professionnel.

Le seuil de loyer de 23 000 €

Les loyers des locations meublées du foyer doivent dépasser 23 000 € par an. Le seuil est apprécié par rapport au montant total des recettes des locations meublées réalisées par tous les membres du foyer fiscal. Les recettes à prendre en compte sont les loyers

Les professionnels sont redevables de cotisations sociales

Jusqu'en 2020, seuls les loueurs en meublé saisonnier encaissant plus de 23 000 € de recettes annuelles étaient redevables des charges sociales (maladie, invalidité, retraite, etc.). Depuis 2021, toutes les personnes exerçant une activité de loueur en meublé professionnel (LMP) y sont assujetties. Elles doivent s'acquitter d'un taux de cotisation de 35 % environ (contre 17,2 % avant) avec un forfait minimal de 1 246 €, même si l'activité est déficitaire.

Le paiement de cotisations permet à ceux qui s'arrêtent de travailler avant l'âge de la retraite de continuer à valider des trimestres et d'accumuler les droits nécessaires à une retraite à taux plein. Il leur permet aussi de continuer à bénéficier d'une couverture sociale. Par ailleurs, les cotisations payées sont déductibles fiscalement, lorsque vous relevez du régime réel d'imposition.

bruts courus (encaissés ou non) au cours de l'année civile, avant déduction des charges. Cela, y compris si vous clôturez votre exercice comptable en cours d'année. Le cas échéant, il faut y ajouter vos recettes accessoires. En revanche, les produits financiers et les recettes exceptionnelles (la plus-value liée à la vente d'un bien loué, par exemple) ne doivent pas être retenus.
Si vous démarrez votre activité en cours d'année, le seuil de 23 000 € doit, en principe, être ajusté en fonction du nombre de jours d'activité par rapport à 365. Ce n'est pas le cas pour les entreprises saisonnières. Mais vous pouvez avoir plusieurs types de locations dans votre parc de logements meublés : résidence principale, temporaire, saisonnier. Lorsqu'il doit être effectué, cet ajustement est calculé distinctement pour chaque immeuble loué, l'année de la mise en location. Pour le fisc, la location est réputée commencer à la date d'acquisition ou d'achèvement du bien *(BOI-BIC-CHAMP-40-10, § 170)*. Pour le Conseil d'État, au contraire, c'est celle de la signature du premier bail, qui peut intervenir plusieurs mois après *(CE, 5.10.2007, n° 293475)*.

EXEMPLE : Appréciation du seuil de 23 000 €
Un contribuable acquiert un logement neuf le 15 juillet 2021 et le loue meublé à partir de septembre 2021, moyennant 2 500 € de loyer mensuel. Il en retire 10 000 € de loyers bruts en 2021. Selon le fisc, pour apprécier le seuil de 23 000 €, les loyers proratisés sur 365 jours, à partir de la date d'acquisition, correspondent à 13 985 € [10 000 € x (365/261)], insuffisant pour être professionnel avec ce seul bien cette année-là.

L'année de cessation totale de l'activité de loueur, les mêmes règles d'ajustement s'appliquent, pour déterminer le caractère professionnel ou non de l'activité. En revanche, elles ne s'appliquent pas lors de la cessation de location d'un seul immeuble si vous poursuivez l'activité de location meublée avec vos autres biens.

Les loyers dépassent les autres revenus professionnels du foyer

Pour être loueur professionnel, vos loyers de meublés doivent être supérieurs aux autres revenus perçus la même année par les membres de votre foyer fiscal, y compris ceux taxables à un taux proportionnel, imposables dans les catégories suivantes : traitements et salaires, pensions et rentes viagères, autres bénéfices industriels et commerciaux (BIC), bénéfices non commerciaux (BNC), bénéfices agricoles (BA), revenus des gérants et associés assimilés fiscalement à des salariés *(article 62 du CGI).*

Cette comparaison est établie à partir du montant net imposable de chaque catégorie de revenus, c'est-à-dire après déduction des frais professionnels (déduction forfaitaire de 10 % ou option pour les frais réels des salariés, par exemple), charges ou abattements (déduction des journalistes et assistant(e)s maternel(le)s, par exemple), mais avant la déduction de certaines charges du revenu global (pensions alimentaires, cotisations d'épargne retraite, etc.).

En cas de déficits constatés pour certains revenus professionnels, la comparaison doit être faite en prenant en compte leur montant imputable sur le revenu global du foyer. Ceux exonérés d'impôt, en revanche, ne sont pas retenus.

L'activité de loueur peut être exercée en société

L'activité de loueur en meublé peut être exercée à titre individuel ou par l'intermédiaire d'une société (solution à envisager en cas de pluralité de propriétaires). Dans ce cas, pour que les loyers soient assujettis à l'impôt sur le revenu dans la catégorie des BIC, il doit s'agir d'une société de personnes relevant de l'impôt sur le revenu : EURL (entreprise unipersonnelle à responsabilité limitée) ; SARL (société à responsabilité limitée) de famille ; SNC (société en nom collectif). En revanche, la constitution d'une SCI (société civile immobilière) est à proscrire (voir p. 88).

Attention, les conditions requises pour avoir le statut de loueur professionnel doivent être appréciées au niveau de chacun des associés, compte tenu de ses droits sociaux.

Le passage d'un statut à l'autre

La variation du montant annuel de vos revenus de locations meublées (+/- 23 000 €) et de vos autres revenus professionnels (+/- 50 %) peut entraîner une volatilité dans la qualification de l'activité. Vous pouvez ainsi passer d'une année à l'autre du statut de professionnel à celui de non-professionnel, et inversement. Ce changement de statut n'a aucune incidence sur votre régime d'imposition, ni sur vos obligations déclaratives. Il en a une, en revanche, sur le traitement fiscal des déficits et de vos plus-values.

Vous devenez loueur professionnel

Si vous passez du statut de non-professionnel à celui de loueur en meublé professionnel, vous pouvez imputer sur votre revenu global les déficits que vous constatez, à compter de votre changement de statut (voir p. 129). En revanche, pour vos déficits constatés antérieurement, lorsque vous étiez non-professionnel, ils sont reportables uniquement sur les bénéfices provenant d'une activité de location meublée non professionnelle : vous ne pouvez donc plus les imputer. En effet, dès lors que vous devenez professionnel, l'ensemble des locations meublées de votre foyer fiscal relève de cette qualification. Vous ne pourrez imputer ces déficits que si vous redevenez loueur non professionnel dans les dix ans, délai admis pour l'imputation des déficits des loueurs non professionnels.
Quant aux plus-values liées à la vente de biens loués réalisées après le passage au statut professionnel, elles relèvent du régime d'imposition des plus-values professionnelles, et non de celui des plus-values immobilières des particuliers. Vous pouvez donc bénéficier des exonérations correspondantes si vous avez bénéficié du statut de loueur professionnel pendant au moins cinq ans (voir p. 132).

Vous devenez loueur non professionnel

Dans ce cas, vous perdez la possibilité d'imputer votre déficit de l'année sur votre revenu global sans limitation. Vous ne pouvez l'imputer que sur les bénéfices retirés d'une activité de location meublée non professionnelle réalisés la même année et les dix suivantes (voir p. 103). Par ailleurs, les plus-values réalisées en cas de cession de biens loués relèvent du régime des plus-values des particuliers (voir p. 106).

Les atouts du statut de loueur professionnel

Si vous remplissez les conditions pour être loueur en meublé professionnel, il y a plusieurs avantages à adopter ce statut. Ils concernent la déduction des frais engagés avant le démarrage de l'activité, le sort des déficits d'exploitation, l'imposition des plus-values, l'éventuelle exonération d'impôt sur la fortune immobilière et la transmission du patrimoine loué.

L'imputation des frais d'acquisition

En tant que loueur professionnel, vous pouvez déduire vos frais engagés avant le début de la location. Ils constituent un déficit en l'absence de loyers encaissés. La déduction s'effectue par tiers, sur votre revenu global des trois premières années de location. Vous pouvez, par exemple, tenir compte des honoraires versés au notaire, des commissions payées aux intermédiaires intervenus pour la réalisation de la vente, ou encore des droits de mutation réglés au Trésor public.
Vous pouvez aussi déduire les charges financières supportées à l'occasion de l'acquisition d'un bien destiné à la location, en particulier les intérêts et frais d'emprunt payés avant le début de la location, en cas d'acquisition d'un bien en l'état futur d'achèvement (Vefa). Attention toutefois, cette possibilité d'imputation est réservée aux loueurs qui accèdent au statut de loueur professionnel dès l'année de mise en location du bien acquis, et qui conservent cette qualité durant les trois années de déduction. Si vous perdez le statut de professionnel, les déficits non encore imputés suivent le régime de droit commun applicable aux déficits constatés par les loueurs non professionnels, y compris si vous redevenez ensuite loueur professionnel.

L'imputation des déficits

Si vous êtes loueur professionnel et que vous relevez du régime réel d'imposition, vous bénéficiez d'un régime de faveur lorsque vous constatez un déficit, c'est-à-dire lorsque vos charges déductibles sont

supérieures à vos loyers imposables : vous pouvez le déduire de votre revenu global imposable sans limitation pendant six ans. Si vous relevez du micro-BIC, vous devez opter pour le régime réel d'imposition pour bénéficier du régime de faveur. Cet avantage constitue l'un des principaux attraits du statut de loueur professionnel. En effet, les déficits du loueur non professionnel sont imputables uniquement sur ses revenus de meublés des dix années suivantes.
Pendant les trois premières années de location, les loyers sont totalement absorbés par les frais d'acquisition et les charges de gestion, en particulier en cas de financement à crédit, le déficit résiduel étant reportable sur le revenu global (voir ci-avant). Les années suivantes, les loyers sont également « effacés » par les charges courantes, augmentées des amortissements fiscalement déductibles en report.

L'imposition des plus-values

Si vous êtes loueur en meublé professionnel, la plus ou moins-value constatée à l'occasion de la vente d'un bien loué est imposée en tant que plus-value professionnelle. Vous pouvez, à ce titre, bénéficier de l'exonération d'impôt applicable aux petites entreprises. La plus-value réalisée par un loueur non professionnel relève, quant à elle, du régime des plus-values des particuliers (voir p. 106).

La plus-value est professionnelle

La plus-value constatée en tant que loueur professionnel à l'occasion de la vente d'un bien loué relève du régime des plus-values professionnelles, si celui-ci est inscrit à l'actif de votre bilan. A contrario, la vente d'un bien loué figurant toujours dans votre patrimoine privé relève du régime des plus-values des particuliers.
C'est à vous de calculer et de déclarer la plus-value professionnelle à l'administration fiscale, sur les lignes correspondantes de votre déclaration n° 2042 C PRO. Son montant correspond à la différence entre le prix net de cession et le prix d'acquisition du bien. La fiscalité applicable repose sur la distinction entre plus-value ou moins-value à court terme et à long terme. Les biens loués meublés étant amortissables, leur cession dégage une plus-value à court terme s'ils ont été acquis depuis moins de deux ans, ou

depuis plus de deux ans, mais seulement à hauteur de la fraction correspondant aux amortissements déduits pour le calcul de l'impôt sur le revenu. La fraction de la plus-value qui excède les amortissements déduits est à long terme. Par ailleurs, en cas de constatation d'une moins-value, celle-ci est considérée comme à court terme, quelle que soit la date d'acquisition du bien vendu (plus ou moins de deux ans).

L'imposition de la plus ou moins-value varie selon le résultat obtenu :

- la plus-value nette à court terme doit être ajoutée aux recettes de la location de l'année ; elle est imposée comme elles et peut être étalée sur trois ans ;
- la plus-value nette à long terme est taxable à 30 % (12,8 % d'impôt sur le revenu et 17,2 % de prélèvements sociaux) ; toutefois, cette plus-value peut compenser le déficit constaté l'année de sa réalisation et les déficits reportables ; seul le solde est imposé dans ce cas ;

La transmission des biens professionnels est facilitée

En cas de donation ou de transmission par décès des biens loués, les donataires ou héritiers du loueur professionnel bénéficient d'un abattement de 75 % sur la valeur des biens ou des titres de société transmis, pour le calcul des droits de donation et de succession. Cette exonération est toutefois soumise à deux conditions : les biens ou titres sont détenus depuis au moins deux ans par le donateur ou le défunt (lorsque l'activité est exercée en société, les associés ont pris un engagement collectif de conservation de deux ans portant sur au moins 34 % des parts de la société) ; lors de la transmission, les donataires ou héritiers s'engagent à conserver les biens ou les titres pendant quatre années supplémentaires. En outre, l'activité doit être poursuivie par l'un d'eux pendant trois ans à compter de la transmission.

Par ailleurs, les donataires ou héritiers peuvent aussi bénéficier d'un différé ou d'un fractionnement du paiement des droits dus au Trésor public.

- la moins-value nette à court terme est déductible des recettes imposables ; le reliquat constitue un déficit reportable dans les conditions de droit commun, c'est-à-dire sur votre revenu global déclaré l'année de la cession et les six années suivantes.

Les cas d'exonération

Vous pouvez être exonéré d'impôt sur la plus-value (à court et à long terme) réalisée lors de la vente d'un bien loué, si vous exercez l'activité de loueur depuis au moins cinq ans à titre professionnel *(art. 151 septies du CGI)*. À condition, toutefois, que vos recettes locatives (appréciées sur les deux années précédant la cession) n'excèdent pas certains seuils :

- l'exonération est totale si les recettes ne dépassent pas 90 000 € HT ;
- l'exonération est partielle entre 90 000 € et 126 000 €. Dans ce cas, la fraction imposable de la plus-value est obtenue en divisant les recettes qui excèdent 90 000 € par 36 000 €. Par exemple, un loueur qui enregistre 110 000 € de recettes l'année de la vente d'un bien loué est imposable sur 55 % de sa plus-value, soit [(110 000 € - 90 000 €) / 36 000 €] x 100. S'il réalise une plus-value de 50 000 €, sa base d'imposition est donc égale à 27 500 €.

Le plafond d'exonération est porté respectivement à 250 000 € (exonération totale) et 350 000 € (exonération partielle), si vous louez à titre professionnel des meublés de tourisme ou des chambres d'hôtes, dans des conditions analogues à celle de la para-hôtellerie en raison des prestations annexes offertes (petit déjeuner, nettoyage régulier des locaux, fourniture de linge de maison, réception de la clientèle *(BOI-BIC-CHAMP-40-10, § 20 et 40-20, § 430)*.

Toutes les années durant lesquelles vous avez eu le statut de loueur professionnel comptent pour apprécier les cinq ans, même si elles ne sont pas consécutives. D'autres régimes spécifiques d'exonération ou de report d'imposition sont applicables aux plus-values constatées lors de la cession de l'ensemble des biens loués (transmission d'entreprise, par exemple), liés à leur valeur, à leur apport en société, à leur transmission à titre gratuit ou motivée par le départ en retraite du loueur. La transmission à titre gratuit de l'ensemble des biens loués est par ailleurs susceptible de profiter d'un régime fiscal très avantageux en matière de droits de mutation (voir l'encadré p. 131).

L'exonération d'impôt sur la fortune immobilière

Si votre patrimoine immobilier excède 1,3 million d'euros au 1er janvier de l'année d'imposition, vous êtes assujetti à l'impôt sur la fortune immobilière (IFI). Seuls vos actifs immobiliers sont pris en compte, tous vos autres biens et valeurs étant exonérés. Dans certains cas, les biens immobiliers loués meublés peuvent être considérés comme des biens professionnels et échapper à l'IFI.
Pour une étude détaillée de l'IFI, reportez-vous à notre guide « L'impôt sur la fortune immobilière », réédité chaque année.

> **Les conditions à respecter pour être exonéré d'IFI sur les biens loués meublés** ne sont pas appréciées de la même manière que celles requises pour avoir le statut de loueur professionnel (LMP).

Les biens loués meublés peuvent être exonérés

Pour bénéficier de l'exonération d'IFI, deux conditions cumulatives doivent être remplies : vos locations meublées doivent générer plus de 23 000 € de recettes locatives brutes par an ; vos loyers de meublés doivent être supérieurs aux autres revenus professionnels perçus la même année par les membres de votre foyer fiscal au sens de l'IFI (loueur, conjoint, partenaire de pacs, concubin, enfants mineurs). Attention, les règles applicables ne sont pas identiques à celles retenues pour apprécier la qualité de loueur professionnel.
D'une part, les 23 000 € de recettes doivent être déterminés par rapport au montant réel (et non couru) des loyers perçus dans l'année, incluant les charges, taxes et remboursements de frais *(BOI-PAT-IFI-30-10-10-10, § 60).*
D'autre part, pour apprécier le respect du seuil de 50 %, les recettes locatives doivent être comparées aux seuls revenus professionnels du foyer et non à ses revenus d'activité au sens large. Concrètement, vous n'avez pas à tenir compte des pensions et rentes viagères perçues par les membres du foyer pour vérifier si les loyers des meublés dépassent les autres revenus. Enfin, les recettes locatives doivent être retenues pour leur montant net (et non pour leur montant brut), pour apprécier le respect du seuil de 50 % des

revenus *(Rép. Min., JOAN Sénat du 27.08.2020, n° 12910)*. L'exonération d'IFI ne s'applique donc pas les années durant lesquelles vous êtes déficitaire.

La location à travers une société

Si vous mettez des logements vous appartenant à la disposition d'une société exerçant une activité de loueur en meublé (y compris par l'interposition d'une société civile), ils peuvent également bénéficier d'une exonération d'IFI. À condition, toutefois, qu'il s'agisse de la société dans laquelle vous exercez votre activité principale, s'il s'agit d'une société soumise à l'impôt sur le revenu, ou dont vous êtes le dirigeant, s'il s'agit d'une société soumise à l'impôt sur les

L'évaluation des biens au titre de l'IFI

Lorsqu'ils ne sont pas exonérés d'IFI, les biens loués meublés doivent être déclarés pour leur valeur vénale au 1er janvier de l'année d'imposition. Cette valeur est obtenue par comparaison avec les prix de vente constatés pour des transactions portant sur des biens similaires (même zone géographique, type de construction, situation, superficie, etc.).
Le nombre de références doit être suffisant pour fournir des éléments de comparaison pertinents. Vous pouvez toutefois pratiquer une décote sur la valeur obtenue, pour tenir compte du fait que le logement est loué, de l'ordre de 10 % à 20 %.
Pour vous aider dans votre évaluation, vous pouvez vous référer à la base de données « Demandes de valeurs foncières » ou DVF. Elle recense l'ensemble des ventes de biens fonciers réalisées au cours des cinq dernières années en métropole et dans les DOM (sauf Alsace-Moselle et Mayotte).
Ces données sont accessibles librement et gratuitement sur https://app.dvf.etalab.gouv.fr. Elles proviennent des actes enregistrés chez les notaires et des informations du cadastre.
Si vous avez des difficultés à évaluer précisément votre patrimoine immobilier, il peut être judicieux de vous faire conseiller par un professionnel de l'immobilier implanté localement, tel un agent immobilier, un notaire ou un expert-comptable.

sociétés. En revanche, les conditions imposées aux personnes physiques (seuils de 23 000 € et de 50 %) ne sont pas exigées lorsque l'activité est exercée par une société *(Rép. Min., JOAN du 13.11.2018, n° 10782)*.
Les immeubles (ou droits immobiliers) affectés à l'activité de location meublée de la société sont exonérés à hauteur de la participation que vous détenez dans cette société. Lorsque les immeubles appartiennent à la société, les titres que vous détenez sont aussi exonérés à hauteur de la fraction de leur valeur représentative des immeubles en cause.

Des conditions difficiles à remplir pour les actifs

Les conditions exigées pour être loueur professionnel et être exonéré d'IFI sur les biens loués meublés sont difficiles à remplir pour les actifs. En effet, le fisc conditionne l'exonération d'IFI au fait que l'activité de loueur soit exercée à titre principal, ce qui exclut le loueur qui exerce une activité salariée ou une autre profession à temps plein, même si ses locations lui procurent des revenus supérieurs à ses autres revenus.
Ces conditions sont plus faciles à réunir si vous êtes retraité ou rentier : d'une part, les pensions et les rentes ne sont pas considérées comme des revenus professionnels au titre de l'IFI ; d'autre part, vous pouvez consacrer tout votre temps à la gestion des biens loués.

ANNEXE

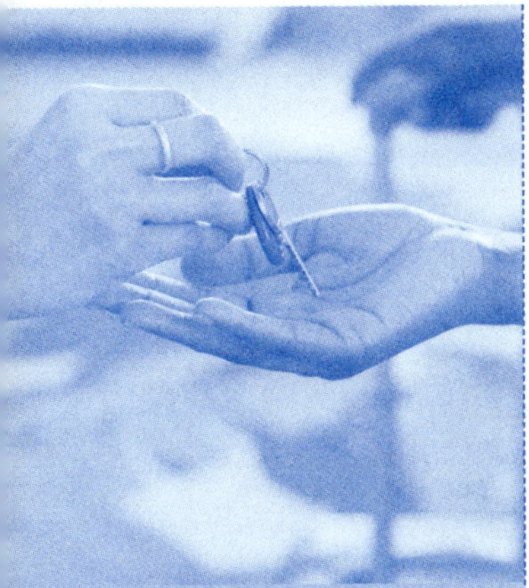

ÉTAT DESCRIPTIF ET CONDITIONS DE LOCATION[1]

(rayer les mentions inutiles, compléter, cocher)

I – Renseignements généraux

Adresse du meublé :...
(Préciser, s'il y a lieu, le bâtiment, l'étage, le numéro)..
Code postal : :.................... Commune : ....

Catégorie de classement ▯ 1* ▯ 2* ▯ 3* ▯ 4* ▯ 5*

Arrêté préfectoral du : *JJ/MM/AAAA*
Nom et adresse du loueur ou de son mandataire :..
....
Téléphone du loueur ou de son mandataire : ....
E-mail du loueur ou de son mandataire :...

II – Principales caractéristiques du meublé

Nombre maximal de personnes susceptibles d'être logées: ....
S'agit-il d'une construction : ▯ neuve ▯ récente ▯ ancienne
S'agit-il :
▯ d'une maison ▯ indépendante ▯ avec jardin
▯ d'un studio ▯ d'un appartement ....
S'il s'agit d'un studio ou d'un appartement est-il situé dans un immeuble
comportant plusieurs logements ▯ Oui ▯ Non
Si oui, combien : ....

S'agit-il de pièces situées :
▯ dans un appartement ▯ dans une villa
▯ occupées partiellement par le propriétaire ▯ par d'autres locataires
A quel étage le meublé est-il situé ....

Le meublé est-il accessible aux personnes handicapées
à mobilité réduite ▯ Oui ▯ Non
Dispose-t-il :
▯ du chauffage central ▯ de la climatisation ▯ d'un système de rafraîchissement d'air

Superficie totale du meublé ....Nombre de pièces d'habitation....................
Nombre de salles d'eau ....
▯ Cuisine séparée ▯ Coin-cuisine dans la pièce principale
▯ Existence d'une entrée

1. Les agents immobiliers, les sociétés d'exploitation spécialisées ou toute personne morale légalement habilitée peuvent lui substituer un état descriptif en usage dans leur profession.

Le locataire a la jouissance :
▯ d'un jardin privatif, ▯ d'un parc privatif, ▯ d'une cour privative,
▯ d'un garage privatif ▯ d'un emplacement de voiture à proximité privatif
▯ d' une terrasse d'une superficie de ……..……..avec vue[2] ……………………………………..,
▯ d'une loggia d'une superficie de …………….... avec vue ………………….....…………,
▯ d'un balcon d'une superficie de ……………… avec vue……………....…………...……….

III – Situation du meublé dans la localité

Le meublé est
▯ isolé ▯ situé dans une ferme ▯ situé dans un hameau
▯ situé dans un village ▯ situé dans une ville

1°) Distance des principaux centres d'intérêt touristique (en km) :

Pistes de ski …………….....…...……Mer ……………………..… Lac ……………….…..…..
Plage la plus proche ……………………..….. Forêt la plus proche ………………..……………
Rivière la plus proche ……………………..Port de plaisance le plus proche …………………
Centre ville …………………………..
Autres centres d'intérêt (activités liées à la nature, etc.) ………………………………………

2°) Distance des principaux services (en km) :

Gare SNCF………………………………………………………………………………………
Gare routière : …………………..…………….. Aéroport : ……………………………………..
Médecin :……………………………… Hôpital :……………………………………………..
Centre commercial ou supermarché le plus proche : ………………………………………...
Restaurant :…………………….. Laverie : ………………….. Epicerie :……………..………..
Autres (préciser) ……………………………………………………………………………...

3°) Eventuels inconvénients de voisinage :

Bruits : ……………....……………………..Odeurs : ……………………...…………………

IV – Description du meublé (plan éventuellement)

Etat d'entretien général : ………………………………………………………………………..

1°) Agencement des pièces :

Pour chaque pièce d'habitation, préciser la surface, le nombre de fenêtres, le nombre de lits à une place, à deux places, leurs dimensions, le mobilier, l'exposition[3], et la vue, si les pièces sont ou non indépendantes.

Pièce de séjour : …………………………… Chambre n°1 : ……………………………
Chambre n°2 : ……………………………… Chambre n°3 : ……………………………
Chambre n°4 : ……………………………… Etc. : ………………………………………...

2. Sur mer, sur montagne, sur cour, sur rue...
3. Nord, sud, est, ouest

2°) Agencement de la cuisine :

□ Evier avec eau froide et chaude □ Ventilation mécanique contrôlée □ Hotte aspirante
□ Table de cuisson, nombre de feux : …………..
Alimentation : □ gaz de ville □ bouteille de gaz □ électricité □ mixte
□ Four □ Four à micro-ondes
□ Réfrigérateur - Contenance :………… □ avec compartiment conservation
□ Congélateur - Contenance :…………………..
□ Lave-vaisselle
□ Batterie de cuisine complète : ……………………………………………………………….
□ Autocuiseur
Nombre de couverts complets non dépareillés : ………………………………………………
Appareillage électro-ménager (mixer, cafetière électrique …) : ………………………………..
Autres équipements : ……………………………………………………………………………

3°) Equipements sanitaires :

Nombre de salles d'eau ……………………………………………………………………………

	Première salle d'eau	Deuxième salle d'eau
Nombre de lavabos		
Douche	□ Oui □ Non	□ Oui □ Non
Baignoire équipée d'une douche	□ Oui □ Non	□ Oui □ Non

Nombre de W-C. intérieur(s) au meublé …………………………………………………………
Nombre de W-C intérieur (s) au meublé et indépendant (s) de la salle d'eau …………………

4°) Equipements divers :

Téléphone dans le meublé : □ Oui □ Non Si oui, numéro : ……………………………….
Téléphone à proximité : □ Oui □ Non Si oui, distance : ……………………………...
Accès internet haut débit : □ Oui □ Non TV couleur : □ Oui □ Non
Lecteur DVD : □ Oui □ Non Chaîne hi-fi avec radio : □ Oui □ Non
Lave-linge électrique : □ Oui □ Non Si oui : □ Particulier □ Commun
Sèche-linge électrique : □ Oui □ Non Si oui : □ Particulier □ Commun
Etendoir à linge : □ Oui □ Non Si oui : □ Intérieur au logement □ Extérieur
Fer à repasser : □ Oui □ Non Planche à repasser : □ Oui □ Non
Sèche-cheveux électrique : □ Oui □ Non Aspirateur : □ Oui □ Non
Autres équipements : ……………………………………………………………………………

Equipements de loisirs attachés au meublé : ………………………………………
Documentation pratique mise à disposition du locataire : □ Oui □ Non
Documentation touristique mise à disposition du locataire : □ Oui □ Non
Animaux domestiques acceptés : □ Oui □ Non
Service quotidien de blanchisserie : □ Oui □ Non
Service quotidien de ménage : □ Oui □ Non

5°) Modalités et prix de location :

(Partie à compléter uniquement dans les états descriptifs adressés aux candidats locataires).

Prix (Commissions éventuelles comprises) :
Du : ....au : .... euros : ....
Du : ....au : .... euros : ....
Du : ....au : .... euros : ....

Taxe de séjour à acquitter sur place (éventuellement) : ....euros par jour et par personne.

Charges (eau-gaz-électricité-chauffage) :
▯ comprises ▯ non comprises :............euros

Ménage en fin de séjour :
▯ compris ▯ non compris :............euros

Quotidien
▯ compris ▯ non compris : ....euros

Autres suppléments ou services payants (préciser leur nature et leur prix) : ....

Arrhes ou acomptes : ....euros, payables le : ....
remboursables selon modalités contractuelles.

Solde : .... euros, payable le...........................selon modalités contractuelles.

Caution (éventuellement) : ....euros, remboursable aux conditions suivantes (deux mois maximum après le départ du locataire) : ....
....

A

C

D-E

F

H-I

L

M

O-P

R

S-T

U-V

Éditrice : **Malika Moulai**
Rédactrice en chef : **Édith Tavignot**
Rédacteurs : **Jean-Léon Gantier, Arnaud Saugeras**
Responsable d'édition : **Marianne Rouet**
Chef de fabrication : **Aurélien Sebag**
Couverture et réalisation : **Acis&Galaté**
Conception graphique : **Matthieu Mercier**
Assistant d'édition : **Christian Bisanti**
A participé à cet ouvrage : **Nadjma Chouïa**

Cet ouvrage a été réalisé sous la direction de **Marianne Rouet**
Avec la collaboration de **Laure Le Scornet** et **Arnaud Saugeras**

14, bd Haussmann - 75009 Paris Cedex
Directeur de la publication : **Marc Feuillée**
Impression, façonnage : Nouvelle imprimerie Laballery
Crédit photo : © Serezniy - Istockphoto

Numéro d'impression : 105 302
Dépôt légal : juin 2021

La liste de nos ouvrages est consultable sur ***leparticulier.fr***